UN247541

大前研一通信・特別保存版 Part. 13

21世紀を生き抜く「考える力」
～リカレント教育・STEAM・国際バカロレア～

大前 研一
ビジネス・ブレークスルー出版事務局
編 著

ビジネス・ブレークスルー出版

はじめに：21 世紀を生き抜く「考える力」とは

　東京オリンピックが開催される 2020 年から 25 年先の 2045 年には、人工知能（ＡＩ）が人類の知能を超える転換点のシンギュラリティが起きると予測される中、その教育改革が急務であるにもかかわらず、昨年 11 月の英語の民間試験活用の延期に加え、2021 年から実施する予定だった大学入学共通テストの国語・数学の記述式問題の導入も見送られ、日本の大学入試改革は迷走しています。

　日本の最大の問題点は、質・量を含めた人の問題であり、世界に比べて圧倒的に学び直す社会人が少なく、親や教師も含めた社会人の学び直し（リカレント教育）や、21 世紀を生き抜くために子供達に「考える力」を身に付けるための教育の必要性に対し、大前研一は危機感を持って次のように訴えます。

　「シンギュラリティに備えて教育を変えていかなければいけないのに、いまだゼロなこと。今の中学生や高校生が一番活躍できるようになるはずの 40 歳ごろ、この子たちは今の教育を受けただけの状態でいたら、もう完全にコンピューターに置き換えられてしまって、やることがなくなるわけですよね。

　私は親に聞きたい、文科省に聞きたい、先生に聞きたい。コンピューターに負けない教育を、あなたは子供たちにしていますかと。日本にとっては、国家的な危機なんですよ。私はそういう認識を持っています。」【大前研一氏に聞く（上）】「学び直さない教員は退くべきだ」教育新聞　2019/8/6 より）

大前研一通信・特別保存版 Part.13　3

『今、世界的には、「ＳＴＥＭ（科学、技術、工学、数学）」専攻が注目されている。ここに人間らしさを生かせる「芸術」を加えてＳＴＥＡＭと呼ぶ人もいる。これが１つのトレンドで、昔の学問の定義とは違うものを勉強しなければならない。言い換えてみると「見えないものを見る力」をつけようというわけで、サイバー社会で新しい構想を養うための学問群だ。しかし、日本では大学の進路を決める際に、いまだに理数系か文系かを決めなさいという。これはかなり破滅的なことだ。世界の人々がＳＴＥＡＭを学んでいるのに、文系だ、理系だという議論に固執しているようでは、世界で活躍できる人材は送り出せない。』（「大学はなりたい自分を決めてから選ぶべき」週刊東洋経済臨時増刊号［本当に強い大学 2019］より）

本書の第 1、2 章の前半では、この書籍シリーズの元になっている会員制月刊情報誌「大前研一通信」より、日本の教育システムの問題点の指摘から、教育改革のあるべき姿の提言に、子供たちの将来に影響を持つ親や教師も含めた学び直し（リカレント教育）に関する記事に加え、答えのない時代の個人や企業にとっての”見えないものを見る力“である「構想力」や今後の「稼ぐ力」のスキルに言及したメッセージの他、論文『雇用の未来』で「10 年後には今ある職種の約半分がなくなる」と予言し、世界中から注目されたオックスフォード大学のマイケル・オズボーン教授と大前研一の対談記事など、「考える力」の重要性に訴求したメッセージをご紹介します。2 章の後半では、21 世紀を生き抜くための「考える力」を身に付けるための子供達への教育にもフォーカスし、学びのパラダイムシフトの教育事例や、ＳＴＥＡＭ教育、起業家養成、オンラインのプログラミング講座、「実践ビジネス英語講座（ＰＥＧＬ）」のビジネス即戦力トレーニングコースなどもご紹介します。続く第 3 章では、世界各国でプログラムが導入され、国内でもその導入を政府が推進する「国際バカロレア（ＩＢ）教育」関連の第 3 回シンポジウムで話された一条校（学校教育法第一条に定め

られた学校）におけるＩＢ教育の貴重な導入事例紹介の講演録や体験談など、現場の先生方のご協力を頂いたインタビュー記事も含めて様々なメッセージをご紹介しています。

　幼少期から大人（経営者）まで、自ら考え、生き抜くための三世代に渡る教育プログラムを提供・支援する生涯教育プラットフォームでもあるビジネス・ブレークスルー（ＢＢＴ）の創設者でありＢＢＴ大学学長でもある大前研一の発信や、本書のメッセージが、読者の皆さんはもとより、次代を担うであろう子どもたちへの一助となれば幸いです。

　　　2020年2月
　　　大前研一通信／アオバジャパン・インターナショナルスクール
　　　　　　　　　　　　　　　　　　　　　　小林　豊司

● *21 世紀を生き抜く*

目次

はじめに：21 世紀を生き抜く「考える力」とは　*3*

第 1 章：21 世紀を生き抜く学びの必要性　*13*

1．考える力の重要性　*14*

◎ 2020 年、日本はどうすればよいか？〜──抜本的な教育改革で 21 世紀に通用する人材を育成せよ：質も量も人材不足。その理由はズバリ教育システムにあり　*14*
- 今の日本の最大の問題は「あらゆる面での人材不足」　*14*
- 日本の教育システムの問題点 1　*14*
- 日本の教育システムの問題点 2　*17*

◎大前はこう考える ── 教育改革のあるべき姿の提言　*18*
- 21 世紀の世界に通用する人材育成のための教育改革　*18*
- 外国人労働者の受け入れに真剣みが足りない日本の驕り　*19*
- 能力ある外国人を取り込み "ワンチーム" をつくるべし　*21*

Column ◇国際特許出願に必要な「考える力」　*23*

Column ◇国が大学入試に関わる必要はない　*24*

◎大学はなりたい自分を決めてから選ぶべき──Interview：ビジネス・ブレークスルー大学 学長 大前研一　*26*
「文系か理系か」では世界に後れを取る　*27*

◎【大前研一氏に聞く（上）】「学び直さない教員は退くべきだ」　*29*
リカレント教育の重要性　*29*
答えがない時代の教員　*30*
学習指導要領ではなく「自分要領」で　*31*

◎【大前研一氏に聞く（下）】「私が教員なら、こうする」　*33*
教員自身の学び直し　*33*

『考える力』　◉

　　　自身の学び直し方　*34*
　　　お互いに学び合える場　*35*
　　　これからのヒント　*35*

2．見えないものを見る力「構想力」・「稼ぐ力」の必要性　*37*

　◎**すごく伸びる会社、消滅する会社　*37***
　　　インドのスーパー人材を確保できるか、今後の企業浮沈は人材を集めら
　　　れるか　*37*
　◎**今後「稼げるスキル」のすべてを語ろう　*40***
　　　27年間で7万円しか上がらない　*40*
　　　楽な年功序列に逃げる日本企業　*42*
　　　「人生100年時代」のウソ　*45*
　　　伸びる「業界」に移れ　*47*
　　　成熟産業の「未来」　*50*
　　　「見えないもの」を稼ぎに変える　*53*

第2章：21世紀を生き抜く学び（リカレント、　　　　　STEAM）　*57*

　**Column ◇【大前研一×オズボーン⑴】2020年以降、「稼げるスキル」
　とは何か？　*58***
　　　「スキル」を変える時代　*58*
　　　「クリエイティビティ」こそ鍵　*59*
　　　教育にイノベーションを　*61*
　　　オックスフォード式教育に学べ　*62*
　　　テクノロジーが教育を変えた　*63*
　　　「多様化」する未来の仕事　*64*
　　　生徒と教師に、もっと「自由」を　*65*
　　　「親の不安」は子に悪影響　*66*
　　　ウォルト・ディズニーの構想力　*67*

　　　　　　　　　　　　　　　　　　　　　大前研一通信・特別保存版Part.13　　**7**

「事例」を吸収するのがカギ　*68*

想像力は「白紙」からは生まれない　*68*

平凡な人間でも大事を成せる　*69*

「小さな一歩」の大切さ　*70*

Column ◇【大前研一×オズボーン⑵】学ばない親と教師が、子どもを駄目にする　*71*

親にこそ教育が必要　*71*

「ティーチャー」は要らない　*72*

北欧諸国の躍進に学ぶ　*73*

企業が「教育改革」の推進役に　*74*

大国で改革を起こす難しさ　*75*

「成功体験」が邪魔になる　*75*

各国の教育システムの問題点　*76*

「雇用の未来」への各国の反応　*78*

中国の未来は暗い？　*78*

医師をルーティンから解放せよ　*79*

誰もがＡＩを扱える時代に　*80*

ＡＩを良いことのために使う　*81*

オックスフォードの「変身」　*81*

1．21世紀を生きる子どもたちのための、学びのパラダイムシフト　*83*

◎パーソナライズドラーニング・アダプティブラーニング　*83*

⑴背景　*83*

⑵起源と歴史　*84*

◎インターナショナルスクール　*95*

⑴過去・現在・未来　*95*

⑵バイリンガル・マルチカルチュラル人材育成と留意ポイント　*97*

2．起業家養成、オンラインプログラミング講座（p.school）　*102*

◎社会の進歩とp.schoolの役割（第1回）　*102*

(1) 人的リソースの重要性　*102*

　　　(2) ネットの普及　*103*

◎社会の進歩と p.school の役割（第 2 回）　*104*

　　　(3) 組織のフラット化　*104*

◎ "たかがプログラミング、されどプログラミング"　*106*

◎人とアプリを繋ぐプログラミング言語　*109*

◎副業のすすめ　*113*

　　　(1) 入社 5 年以内の 20 代のビジネスパーソン　*114*

　　　(2) 社会人 10 年前後の 30 代のビジネスパーソン　*115*

　　　(3) ベテランの領域に達している 40 代のビジネスパーソン　*115*

　　　(4) 定年後の第 2 の人生を考え出す 50 代のビジネスパーソン　*115*

　　　(5) 子育てが一段落した女性　*115*

3．実践ビジネス英語講座（PEGL）──ビジネス即戦力トレーニングコース A/B の紹介　*116*

◎特長　*116*

　　■こんな課題をお持ちの方におすすめ　*116*

　　■積極性に欠ける〝英語を話さない日本人〟から脱却する　*117*

　　■海外ビジネスに必須となる伝える力、マインドセットも学ぶ　*117*

　　■現場で最も必要とされる表現力×アウトプット力を強化　*117*

　　■講師や受講生とディスカッションを通じて集合知を得る　*117*

◎科目一覧　*118*

　　■オリエンテーション＆学習法セミナー（対象：即戦力 A/B）　*118*

　　■BEST 〜 Business English Speaking Test 〜（対象：即戦力 A/B）　*118*

　　■仕事で使える英文法（対象：即戦力 A）　*118*

　　■ビジネスパーソンのための英単語講座（対象：即戦力 A）　*118*

　　■ビジネスパーソンのための英文 E メール講座（対象：即戦力 A）　*118*

　　■伝える技術を磨く英文ライティング講座（対象：即戦力 B）　*118*

　　■課題解決コミュニケーション（対象：即戦力 A/B）　*119*

　　■ダイバーシティ時代の異文化対応力 〜 Culture&Values 〜（対象：即戦力 A/B）　*119*

　　■仕事を動かすニュアンス講座（対象：即戦力 B）　*119*

■ ダイバーシティ時代の関係構築力～ Respect&Trust ～（対象：即戦力
B） *119*

■ Business News Discussion ～中級編～（対象：即戦力 A/B） *119*

■ ＢＢＴオンライン英会話（対象：即戦力 A/B） *119*

■ レポート提出（開始時・終了時）（対象：即戦力 A/B） *119*

◎コース概要 *120*

【ビジネス即戦力トレーニングコース A　概要】 *120*

【ビジネス即戦力トレーニングコース B　概要】 *120*

Column ◇ 1. その英語、相手にササリますか？（電話対応編） *120*

⑴ 今、よろしいですか？ *121*

⑵ 電話で失礼します。 *122*

⑶ いただいたお電話で失礼します。 *122*

⑷ 復唱します。 *123*

⑸ そろそろ電話を切りましょうか。 *124*

◆ソース◆ *125*

Column ◇ 2. スマートに乗り切る「モノの言い方」とは？ *125*

⑴「別意見です」と前置きしてから反対意見を始める *126*

⑵ 根拠を先に言う *127*

⑶ 断定的な言い方はしない *127*

◆ソース◆ *128*

Column ◇ 3. 異文化の壁を超える交渉テクニック *129*

⑴ No を直接言わない、言えない *129*

⑵ 賛成の意味ではない「Yes」 *129*

⑶ あいまい *130*

⑷ 口数が少ない *131*

⑸ 沈黙 *131*

⑹ アイコンタクトの欠如 *132*

◆ソース◆ *132*

『考える力』 ●

第3章：21世紀を生き抜く国際バカロレア（IB）教育の拡がり　*133*

1．国際バカロレア（IB）教育の拡がり　*134*

◎国際バカロレアの推進について　*134*

2．第3回「国際バカロレア推進シンポジウム」開催報告（9/22 開催）　*141*

◎第3回「国際バカロレア推進シンポジウム」開催
〜国際バカロレア教育に関心のある学校関係者・自治体関係者ら 223 名集まる〜　*141*
◎一条校におけるＰＹＰ，ＭＹＰ，ＤＰの導入事例紹介「ＰＹＰ導入事例」　*143*
◎一条校におけるＭＹＰ導入事例紹介　*153*
◎一条校におけるＩＢＤＰ導入事例紹介　*168*

3．ＩＢ導入体験談　*179*

◎ＩＢ導入Ｑ＆Ａ（Part 1）　*179*
◎ＩＢ導入Ｑ＆Ａ（Part 2）　*187*

大前研一通信・特別保存版 Part.13　11

第1章：21世紀を生き抜く学びの必要性

1．考える力の重要性

◎ 2020 年、日本はどうすればよいか？〜──抜本的な教育改革で 21 世紀に通用する人材を育成せよ：質も量も人材不足。その理由はズバリ教育システムにあり

● 今の日本の最大の問題は「あらゆる面での人材不足」

　日本としてはどうしたらよいかという最後のテーマです。まず申し上げたいのは "日本の問題とは人の問題である" ということです。2020 年代の最大の問題です（図 -1）。質が足りない。そして量が足りない。まず質という点では、21 世紀は ＳＴＥＭ（Science, Technology,Engineering, Mathematics）やＡＩといった先端分野で戦える人間がいなければ駄目です。また、世界に出かけていくコミュニケーション力、構想力がないと駄目です。今の日本の教育ではこれの片鱗さえ実現できません。明治時代の、欧米に追いつけ追い越せ、模倣しろ、早く覚えた者が勝ち、こういう考え方で止まっています。

　もう１つは量です。少子高齢化が進み労働力人口が大幅に減少する、では外国人労働者を受け入れましょうというところまではよいのですが、圧倒的にそのやり方が下手です。外国籍の人を働き手として定着させない。特定技能外国人については５年間 "だけ" 滞在してよいと言っています。５年滞在してよい人がなぜ永久に住めないのか理解不能です。

● 日本の教育システムの問題点１

　従来の教育は、答えのある時代の教育です。欧米のことを勉強しよ

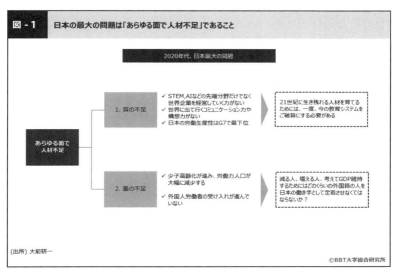

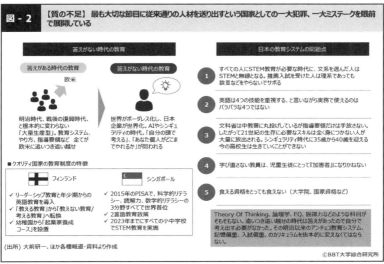

う、先に覚えたほうが勝ち、指導要領通りやる、こういう教育です。しかし今は答えのない時代です。あくまでも自分が自分の頭で考え答

えを見つけられるかどうか、その力を養う教育が必要なのです（図 -2 左）。フィンランドやデンマークは 1990 年代の初めにそういう教育に転換しました。シンガポールは徹底的に人材教育、ＳＴＥＭ教育に力を入れており、2 言語教育政策を採り、2015 年のＰＩＳＡ（Programme for International Student Assessment: 国際生徒評価のためのプログラム）のテストで科学的リテラシー、読解力、数学的リテラシーの 3 分野ですべて世界トップという成果を上げました。

　日本の教育システムの問題点は（図 -2 右）こういうことに対して何も改革していないところです。すべての人がＳＴＥＭ教育をやらないといけないことが明白な時代に、高校で文系を選んだ人は 2 年までで数学は終わりです。3 年生からは数学的なことを全くやりません。文系を選んだ途端にシンガポールから、大学も合わせて 6 年遅れることになります。

　もう 1 つ大きな問題は、推薦入学というシステムの存在です。推薦を受けるとその瞬間に勉強をしなくなるのです。理系であっても推薦を受けると数 III をやりません。微分積分も知らないまま卒業し大学に入学するので、理系の大学教育が始められないのです。ＳＴＥＭであれ何であれ、今までにないほど勉強しなければならない時代にいったい何をやっているのか。こんな制度を存続させているのは、これはもう国家的な犯罪と言ってよいレベルの最大の問題です。

　英語教育に関しては、近ごろ外部業者に丸投げするのをやめましたが、4 つの技能を重視すると言っています。読む・書く・聞く・話す —— やめてください、英語は話してなんぼ、通じてなんぼなのです。バラバラにすること自体が間違っています。赤ん坊が親の言うことを聞きながらだんだんと語学ができるようになってくるプロセスを見たら、書くということは最も後のプロセスだとわかるはずです。その前に、親の言うことが理解できる、自分の意思が通じるようにすることのほうが先決です。英語についてもこれができないと、読んだ時に日本語に直して分かるというだけです。そんな人間が世界で活躍できる

『考える力』

わけがありません。

●日本の教育システムの問題点2

　中央教育審議会（中教審）は2020年の高校生から10年間適用する答申をちょうど出したところです。ということは、このあと10年間これを使うのです。これを見たら泣いてしまいます。今の15歳の人が35歳になる20年後にはいわゆるシンギュラリティ時代が到来します。追い越すかどうかは別として、コンピュータが人間に追いつくようになると言われており、人間にはコンピュータにできないことが求められるようになります。今回の中教審答申にはそうした対策がどこにもありません。コンピュータに即負けてしまうような人間を育てる教育内容を向こう10年間まだやり続けることが確定しているのです。日本は2040年に世界に敗北する人間を大量に出すということになってしまうのが今回の中教審の答申内容です。教員は2003年から実施された"10年経験者研修"により10年に1回試験を受けることになっていますが、落ちた人は1人もいません。教員は実質上一切学び直さないのです。児童や生徒にとっては加害者になりかねません。

　そして、日本では"国家"資格と呼ばれるものを取得しても、大学院にまで進んでも、収入に結びつかないという現実があります。日本経済新聞は「ドクターに行っても給料が上がらない」と書いていましたが、博士課程の知識など何の役にも立ちません。日本の大学でドクターになって、蟻の目がなぜあのような複数核で成り立っているかなどと勉強したところで何の役にも立ちませんし、ドクターの指導ができる教授がいません。

　美容師や介護福祉士といった国家資格を取得しても、給与は16万円にしかなりません。これは生活保護の受給額と同水準です。3年分4年分の授業料を払って勉強して資格を得ても生活保護レベルの収入にしかならないのです。

大前研一通信・特別保存版 Part.13　　*17*

◎大前はこう考える ── 教育改革のあるべき姿の提言

●21世紀の世界に通用する人材育成のための教育改革

　人材の質の不足をどう解消するか、日本の教育システムの方向性に提言です（図-3）。義務教育は高校までにしましょう。現在は中学までですが、事実上みなほとんど高校に行きますので義務教育化です。そして社会人として必要なことを教え込むカリキュラムを充実させます。中高一貫にすると授業自体は5年で終わるので1年浮きます。そこを有効利用します。そして、高校の修了試験を文部科学省が自分たちの責任においてやるようにします。しかも全科目です。文系理系などという区分けは百害あって一利なしですから全科目やるのです。そうすると個々人の生徒のプロフィールや強み弱み、適性が分かります。芸術方面を加えてもよいでしょう。ＳＴＥＭの中に1つだけアート的な

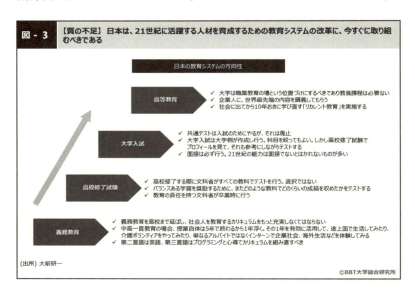

ところも入れるという形です。

　大学入試は、センター試験のような共通の試験は廃止して大学がやればよいのです。自分たちがこういう人が必要だというのを自分たちでテストするのです。そのあとの高等教育は、職業で稼ぐためにやってもらうものにします。教養課程は必要ありません。そして 10 年に 1 回はもう一度勉強し直す、いわゆるリカレント教育を実施します。このような抜本的な改革をやらなければ駄目です。マークシート方式をやめて記述式にするかどうかなどと話題になっていますが、そういうことは全く関係ありません。日本の今の教育システムは、かつて途上国だった日本が欧米に追いつき追い越せのために用意した教育で、21 世紀にはまったく不適切です。中教審の答申を見ても、それは 100 パーセント自信を持って言えます。このまま世界ですぐに競争できなくなる人間を大量生産するのは国家的犯罪だと思います。

●外国人労働者の受け入れに真剣みが足りない日本の驕り

　次に人材の量の不足について。生産年齢人口は 2040 年には 6000 万人になります（図-4 左）。向こう 20 年で 1400 万人の減少、これは 2019 年の生産年齢人口の約 19 パーセントに相当します。これは高齢者雇用だけでは賄えません。圧倒的に量が足りません。量が足りないということは GDP が減るということです。

　したがって外国人労働者に頼らざるを得ないということになりますが、特定技能制度に定められた 14 業種についてだけでも年間 30 万人不足すると見積もった場合に必要な労働者数は 5 年間で 150 万人、しかし 2023 年までの政府の受け入れ目標は 34 万 5000 人なのです。数字が 1 桁違うではないかという話です。そして実績はと見てみれば、2019 年の政府目標は 4 万 7550 人、試験を受けて在留資格を得た人がなんと世界で 895 人、さらに実際に来て日本で働いてくれた人がわずか 219 人なのです（図-4 右）。

21 世紀を生き抜く

そもそも 14 業種に絞ったのは業界が泣きついたところを優先でやっているからです。そして 4 万 7550 人という目標を立てた政府は何を

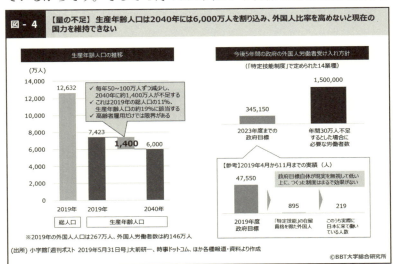

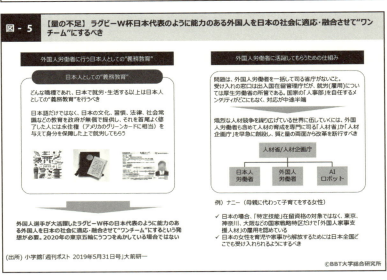

考えているのでしょう。おまけに結果的に 219 人しか日本に来ていないのです。目標も間違っていれば結果も出していない。今、世界中はどこも優秀な人材を獲得するために大変な競争をしているというのに、その時にこんな数字を出して、どういうつもりなのでしょう。30年前は、日本に来たいという人が世界中にたくさんいました。それゆえ「この 14 業種なら入れてやるよ」と気持ちが驕っているのです。いまやそのようにお高くとまっていても誰も来ません。日本の人材は質に大きな問題がありますが、量も全く足りていません。

●能力ある外国人を取り込み "ワンチーム" をつくるべし

外国の労働者に対しては、日本で余ってきている教師や教室を使って 2 年間無料で日本の中でうまくやっていくための教育をし、ちゃんと卒業した人にはグリーンカードを渡す、こういう "義務教育" を行うべきだと私は思います（図 -5 左）。2019 年はラグビーのワールドカップで日本代表チームが話題になりました。あの功績を覚えているでしょうか。メンバーには日本に帰化している人も多いですが、約半数は外国籍です。それなのに日本代表となっているのは、日本に 3 年以上継続して居住しているという条件を満たしていたからです。あのように、能力のある外国人を日本の社会に適応・融合させ、実績を重ねて "ワンチーム" にするというコンセプトがないと駄目なのです。

したがって、たまたま大坂なおみ選手や八村塁選手の活躍が脚光を浴びた時に「おぉ～、誇らしい日本人」と言うのではなくて、日本全体がこのようにして、少なくとも人口の 10 パーセント以上の外国人を合わせたワンチームをつくるための組織、そしてその仕掛けがないと駄目です。そのためには、政府の中に外国人も含めた人材省 / 人材企画庁が必要です（図 -5 右）。

日本の場合は外国人労働者を一括して司る省庁がなく、業務を厚生労働省と文部科学省と経済産業省で分担しているのです。日本人と外

国人を合わせたワンチームを企画する人間が役所にいないと駄目です。人材省は、日本人労働者、外国人労働者、そしてＡＩ・ロボットを現場にアサインして、質と量の両面からマネジメントしていく必要があります。

　また、女性解放、女性の社会進出がしばしば言われますが、女性を解放するためには"ナニー"が必要なのです。ナニーとは母親に代わって子育てを手伝ってくれる人のことです。香港やシンガポールではフィリピンの人が非常に多くナニーとなっているのですが、日本はここの問題に気がついていません。このナニー、実は特定技能在留資格の対象にはなっておらず、東京、大阪、神奈川などの国家戦略特区においてのみ「外国人家事支援人材」の雇用が認められています。これはどういうことかと言うと、そうした土地は外国人も来るだろうから、フィリピンからナニーを入れて外国人の家庭に住まわせてもよいとしているのです。日本女性を解放しようと思ったら、このナニーというものを日本全国どこでも認めていかないといけません。でなければ女性の社会的進出は進みません。

　みんなを均等に育てていればよかった、大量生産、大量消費、追いつけ追い越せの時代とはガラッと違った、そういう国にならないといけません。そのための制度整備が急務です。これが私の2020年に対する思いです。

※大前研一向研会定例勉強会『2019年12月向研会～2019年経済から見た今後の経済見通し～（2019.12.19）』を基にgood.book編集部にて編集・構成

（大前研一ビジネスジャーナル特別号2020年の世界よりmasterpeace）

Column ◇国際特許出願に必要な「考える力」

　国際連合の世界知的所有権機関（ＷＩＰＯ）が先月19日に発表した2018年の特許の国際出願件数で、アジア諸国は51％と初めて過半数を占めた。欧州が25％、北米は23％だった。

　国別の出願件数は1位が米国（5万6142件）、2位が中国（5万3345件）、3位が日本（4万9702件）。個別企業の上位10社のうち、日中韓の企業が6社。1位は前年に続き、中国の通信機器大手ファーウェイの5405件。2位はなんと三菱電機で、3位が米国の半導体大手インテル。ベストテンには入らなかったが、ソニー、パナソニック、シャープも頑張っている。

　ただこれは、本当にインパクトのある特許も「1件」だし、誰も出願していなかったので通ったというのも「1件」だ。カネが稼げる特許は、やはり米国勢が多い。数で競うのはあまり意味がないかもしれない。

　私はこの種のことには強い。日立製作所のエンジニア時代、技術系社員は年に1個は特許を出さなければならない、というノルマがあった。私は天井を見ている間にいくつも考えつくことができたので、途方に暮れている人にはアイデアを提供していた。

　その中にはつまらないものもあった。例えば鉛筆削りは逆方向からは回しにくいので、らせん状に溝をつけた棒を上下に押すと鉛筆の入った部分が回転する削り器を考えた。中国の特許にも、そういう（他愛もない）類が入っているのではないか。

　また、かつては高低差のある高速道路を連結するランプを造るのはけっこうカネがかかったので、リフトで上げて高速に入れるシステムを考え、特許をとったこともある。ＥＴＣ（電子料金収受システム）の入り口ができたおかげで、そういう特許も必要なくなった。

　国際特許も私1人で日立全体の5％ぐらい出していた年もある。ただ、原子力開発部だったので、建設に至らず、なかなか特許料を稼ぐには至らなかった。そんな私自身の反省も含め、特許を数で競争するのはよくないと思う。ただ、特許出願には「新しいものを考え出す力」が必要だ。

大前研一通信・特別保存版Part.13　　*23*

先月、こんな調査も発表された。学研教育総合研究所が全国の高校生600人を対象にした「将来役に立つと思う教科」の調査で、1位は外国語の約29%、2位は国語18%、3位は数学の14%だった。

しかし、将来役に立つのは「考える力」だ。私はこれを無から有を生み出す「ゼロイチ」や「構想力」「セオリー・オブ・シンキング」などと提言している。しかし、日本にはそういう科目がない。

「考える力」はＡＩ（人工知能）やロボットにはできない。もちろん、人間でも一定のルールを身につけなければならない。突然、「ゼロからイチを生む発想力」は手に入らない。

ということで、外国語が一番役に立つというのは違う気がする。「セオリー・オブ・シンキング」という考え方がきちんとできたとき、それをコミュニケートする手段として、外国語は役に立つ。自分の考えを伝えて相手に行動を起こさせる。あるいは、議論をして正しい判断を見つけていく能力が大切なのだ。

教養は重要だが、「考える力」以上に大切なものはない。それなのに、日本の場合は義務教育の科目の中にまったく出てこない。そんなことでコンピューターが人間をしのぐようになると言われている21世紀半ばに、日本は人材で勝負することができるのだろうか。

（夕刊フジ・2019/4/6号）

Column ◇国が大学入試に関わる必要はない

昨年暮れ、萩生田光一文部科学相は2021年1月から実施する予定だった大学入学共通テストの国語、数学の記述式問題の導入を見送った。採点ミスの懸念や自己採点の難しさなどが指摘され、受験生の不安を取り除けないと判断した。

11月に導入見送りが決まった英語民間検定試験に続く方針転換で、安倍政権と文科省が推進する入試改革は、目玉としていた2本柱を失うこととなった。

今回、見送られた記述式問題や英語民間検定試験の再導入は、今後もできないと思う。何度も指摘されていることだが、50万人分の答

案を短期間で採点するには、ものすごい労力が必要だ。採点業務を民間業者に委託して、「はい、ＯＫ」というわけにはいかない。

大学入試センターの採点業務の委託を受けていたのは、ベネッセの関連会社。ベネッセホールディングスの安達保社長は、私と同様、マッキンゼー・アンド・カンパニーの出身。応援してあげたいが、世間知らずの受注を本気で取っていたのだとしたらこの件では応援できない。

この入試改革は、第２次安倍政権発足直後に設置された「教育再生実行会議」で、民間の委員が「大学の英語入試は『聞く』『話す』『読む』『書く』の４つに割る」などと余計なことを言い出したのが始まり。この発想そのものがおかしい。

大学の学部、学科によって、どんな学生に入学してほしいのか、違ってくる。それに沿って、読解力、ヒアリング、会話能力などの中で何を重視するのか決まってくる。ということで、入試は大学自体が行うべきで全国一斉というのはポイントが全くずれている。記述式問題も同様だ。

そもそも国が大学入試に関わる必要はない。国に関わってもらいたいのは、高校の卒業試験だ。

私は30年前から「義務教育を高校まで延ばし、卒業までに大人になる責任を徹底的にたたき込んで、社会人として立派に適応できるような人間になれるよう、教育カリキュラムを変え、卒業試験は基本的に国がやるべきだ」と主張している。

「18歳成人制」を導入するのなら、選挙権を与えるだけでなく、飲酒、たばこなども18歳で許可し、同時に刑法上の責任も18歳から負わせるべきだ。そして、国の責任で「高校を卒業するまでに、社会人として立派な人間に育てる」という意志を持ち、義務教育のプログラムを大幅に見直すことだ。

その後の大学入試は、自分のところに入学させる学生なのだから、各大学は自分のところで試験をして判定する。記述式試験や面接など勝手に行えばいい。これならアルバイトを雇ってもＯＫ。義務教育でもない大学に関して国が行う共通の入試なんて、余計なお世話だ。

（夕刊フジ　2020/1/11 号）

◎大学はなりたい自分を決めてから選ぶべき──Interview：
ビジネス・ブレークスルー大学 学長 大前研一

経営コンサルタントの大前研一氏は、ビジネス・ブレークスルー（ＢＢＴ）大学の創設者で学長も務める。そんな大前学長に大学界の現状や問題点を聞いた。

[聞き手：宇都宮 徹]

──大前学長は 10 年以上、株式会社立大学という形で大学経営に携わっておられますが、大学の世界はどのように見えますか。

私は３つの大学で学んだ。最初に早稲田大学理工学部を卒業し、さらに原子力を学ぶために東京工業大学の修士に進んだ。しかし、そこでは原子炉を作った人がおらず、米国の教科書を使って教えるだけだった。しかも大半がＭＩＴ（マサチューセッツ工科大学）の先生が書いたものばかり。ならばと、ＭＩＴの大学院に進んだ。

ＭＩＴでは日本と違って理論はあまり教えず、設計に役立つような実践的な講義ばかりで、大きなカルチャーショックを受けた。試験も最終的には温度や厚みなど数字をはじき出すようなものが多かった。今の日本の大学で最も欠けているのがその実践的な講義だ。

そう考えてＢＢＴ大学の経営学部の先生は、ほぼ全員、経営の経験者にした。ところが、それに異論を唱える人は多く、文部科学省や大学基準協会から、「アカデミックなことが足りない」「論文が足りない」などと横やりを入れられる。日本の大学の経営学の先生は、米国で経営学のＭＢＡやドクターを取ったような研究者タイプの人が多い。しかし彼らは鉛筆１本売ったことがない。そんな人たちがどうやって経営を教えるのか。

文科省は戦後からアカデミック主義を貫いている。欧米に追いつき

追い越せ、大量生産・大量消費の時代なら問題はなかったが、今、経済社会は大きく変わっている。にもかかわらず、20年以上前の米国のケーススタディやマーケティング理論などを教えている。教授というよりも学問の輸入業者だ。ケーススタディもほとんどが他人や他校が作ったものでパクリだ。米国のインテリア雑誌を見ながら自宅の設計や内装を検討するようなものだ。参考にはなるが戦略の構築や経営の判断をする本当の力にはならない。

「文系か理系か」では世界に後れを取る

日本にも最先端の研究をやっている優れた教授がいるし、学科・大学があることは間違いない。しかし、経営学に限ると海外で学んできたことを教材の中心にしている。そもそも経営理論なんてあるのかと考えている経営者も多いし、失敗も含めて経験を学生と共有するような教育が重要だと思っている。学位や論文は現場ではあまり役に立たない。

が、他学の批判をしても始まらない。日本にも慶応義塾大学の湘南藤沢キャンパスのような、新しい理想を掲げて出発した学校もある。私も同じように経営に関して理想的な大学をつくり上げていくことに専念したいと思っている。

もう1つ思うことがある。今、世界的には、「STEM（科学、技術、工学、数学）」専攻が注目されている。ここに人間らしさを生かせる「芸術」を加えてSTEAMと呼ぶ人もいる。これが1つのトレンドで、昔の学問の定義とは違うものを勉強しなければならない。言い換えてみると「見えないものを見る力」をつけようというわけで、サイバー社会で新しい構想を養うための学問群だ。

しかし、日本では大学の進路を決める際に、いまだに理数系か文系かを決めなさいという。これはかなり破滅的なことだ。世界の人々がSTEAMを学んでいるのに、文系だ、理系だという議論に固執して

大前研一通信・特別保存版 Part.13　　27

いるようでは、世界で活躍できる人材は送り出せない。

——大学にＰＢＬ（課題解決型授業）やリカレント（学び直し）教育
　　を広める機運があります。先駆者としてどう見ていますか。

　大学はそう簡単には変わらない。そもそも大学は、教授たちが意思
決定している。彼らは自分たちが過去に勉強したことにしがみついて
今の地位を築いた。そんな人たちに「変わりましょう」と言っても、
次世代に先送りするだけだ。
　私も多くの大学にオンライン講義での連携を働きかけたことがあっ
た。前向きな先生もいたが、結局、教授会ではね返されることが多かっ
た。「出欠が取れない」「生徒が学校に来ないでどうする」という枝葉
末節な理由ばかりだった。
　われわれの学生はサイバー空間で、世界中で受講している。出欠を
取ることなんて簡単なことなのに、そういう意見が出る。ＢＢＴを構
想しているときに、スタンフォード大学やハーバード大学にも提携話
を持っていったが実現できなかった。彼らも当時はキャンパスありき
の発想しかできなかった。
　結局、変わらなくても学生が集まるから、危機感を持てない。若い
世代の人たちにひっくり返してもらわないと変わらないだろう。
　リカレント教育については、政府の話を聞いていると、「退職後の準
備をしなさい」というようにしか聞こえない。定年を延ばすから、自
分で稼ぐ力をつけなさい、と。
　しかし、リカレント教育の重要性はそんなところにはない。社会の
変化が異常に速くなって、今は、入社した時点ですでに大学で学んだ
ことが役に立たない。会社も教え方がわからない。だから、リカレン
ト教育は最初から継続的に繰り返すことが重要なのだ。
　確かに大学側から見ると社会人の再教育は先細り対策にはなる。し
かし今の大学で、社会人に教えられる人材がいるかは疑問だ。

——学校選び、大学選びのアドバイスはありますか。

　自分で納得いく大学が見つかるまでは行かないのがいちばんだ。一昔前までのように「いい学校に行っていい会社に勤めれば、いい人生を送れる」という方程式は成り立たなくなった。だから、学校選びの前に、まず自分はどんな人間になりたいのか、どんなスキルを磨いて世界で勝負したいのかを見つけてほしい。それがわかるまでは放浪してもいいくらいだ。

　どんな人間になりたいかわからない人に、アドバイスはできない。ましてや、東洋経済のランキングかなんかで大学選びをするのは、とんでもないことだと思う（笑）。

（週刊東洋経済　臨時増刊号「本当に強い大学2019」）

◎【大前研一氏に聞く（上）】「学び直さない教員は退くべきだ」

　　経営コンサルタントで、ビジネス・ブレークスルー（ＢＢＴ）大学学長の大前研一氏は「教員が常に答えを持っている時代は終わった。これからは答えのない時代であり、『先生』も学び直しが必要だ」と語り、「学び直さない教員は、児童生徒にとって『加害者』になりかねない」とまで警告する。大前氏が考えるリカレント教育と、「答えがない時代の教員の役割」を聞いた。

［聞き手・教育新聞編集部長 小木曽浩介］

リカレント教育の重要性

——ＢＢＴ大学に「リカレントスタートプログラム」を新設するなど、リカレント教育の重要性を強く訴えられていますね。

ええ。リカレント教育というのは、元々スウェーデンからスタートした考え方なんですけれども、人生は全てのステージにおいて学び直さなければだめだ、と。リカレントとは、二度、三度、四度、繰り返すという意味なんですね。生きていく以上は時代、年代、世代、すべて変わっていくので、学び直さなきゃいけない。

スウェーデンでこの運動が始まったのは1968年で、そういう意味では新しい言葉ではないんです。

そのスウェーデンやデンマークで、いま教育がどうなっているかというと、「21世紀は答えのない時代ですよ」と。「答えがない時代の学校はどうするのですか」というと、「皆で答えを見つけましょう」と。つまり、教えるというのではなくて、答えを見つける。そのプロセスを介添えしてあげるのが、教員の役割になっているのです。

ここで、クラスにおけるリーダーシップというのが出てくるわけです。「いろいろな人が議論している中で、誰の言っていることが一番か」「自分もそのように思うかどうか」と、クラスのディスカッションで答えを見つけていき、皆で決めていく。こういうプロセスに90年代から変わったんですね。

デンマークまで授業見学に行ったとき、「26人の生徒がいれば、26通りの答えがあって当たり前。そこから先、どうやって皆のコンセンサスをまとめていくかというのが、教員のスキルだ。答えを教えるのではなくて、それをファシリテートするのが教員のスキルだ」と言っていましたよ。

答えがない時代の教員

――日本でも、教員にファシリテーターとしての役割が求められるようになってきています。

『考える力』

　日本の教育は、その役割に気が付くのが非常に遅れた。遅れた理由は、非常にはっきりしています。「欧米に追い付け、追い越せ。欧米が答えを持っている」と思って、その答えを学んで、それを児童生徒もできるようにしようと一生懸命やってきた。

　日本の全ての教育は「答えがある」というのが大前提なのです。学校教育も要するに、答えの分かっていることを教えています。学習指導要領も、答えがあることが前提なんです。しかしこれからの答えがない時代には、学習指導要領なんて書けませんよ。

　教員も教員免許を取って以降は、学習指導要領や教科書に基づいて教えていればいいので、自分で学ばない。先生という人が「最も自分で学ばない人」なんですよ。

　だから21世紀、答えのない時代に最も窮地に陥るのは学校の先生だと、私は思っています。そして、そんな教員に教えられる生徒は不幸です。学び直さない教員は、児童生徒にとって「加害者」になりかねない。「悪いけど、学び直さない先生は退いてくれ」と私は言いたい。

学習指導要領ではなく「自分要領」で

──では、学校はどう変われば。

　児童生徒が学校にいる間は、もうちょっと自由にしてあげればいいんです。ヒントは結構ありましてね、学習指導要領がない国は、学校の方針で教えるというので、その方針を皆に公開して、それで賛同した親御さん達が来る。

　または、基本的にはそれぞれの州が教育方針を出して、それを親に問うていく。先生方も答えがないということを前提にして、ファシリテートに専念しています。

　日本の教育はいままだ、それを固めようとしていて、子供にとって非常に不幸な状況です。

大前研一通信・特別保存版 Part.13　　31

そして二重に不幸なのは、シンギュラリティに備えて教育を変えていかなければいけないのに、いまだゼロなこと。今の中学生や高校生が一番活躍できるようになるはずの 40 歳ごろ、この子たちは今の教育を受けただけの状態でいたら、もう完全にコンピューターに置き換えられてしまって、やることがなくなるわけですよね。

私は親に聞きたい、文科省に聞きたい、先生に聞きたい。コンピューターに負けない教育を、あなたは子供たちにしていますかと。

日本にとっては、国家的な危機なんですよ。私はそういう認識を持っています。

──そうした問題を自覚し、悩んでいる教員もいます。そういう教員にアドバイスはありますか。

学習指導要領ではなくて「自分要領」でやってみる、それに尽きるのではないですか。こういう状況なのだから、先生にはそのくらい本当に危機感を持ってほしいです。

ただし、他人の子供である生徒を巻き込むのは、ある意味、罪深いことですから、まずは自分の子供を「自分要領」で教えるべきだと思います。

「とにかくこれではだめだ」という認識を持って、自分なりの、学習指導要領に寄らない教え方を自分で開拓する。そういう先生にならないといけません。

そうしたことにトライするのは、非常に重要なことです。学習指導要領の改訂を待っていたら、もう絶対に手遅れです。学校単位、先生単位で変えていくしかないんです。

（教育新聞 2019 年 8 月 6 日〈株式会社教育新聞社〉https://www.kyobun.co.jp/）

「考える力」

◎【大前研一氏に聞く（下）】「私が教員なら、こうする」

　「学び直さない教員は、児童生徒にとって『加害者』になりかねない」と警告し、教員にとってもリカレント教育は重要だと強調する、経営コンサルタントでビジネス・ブレークスルー大学学長の大前研一氏。教員はどうやって学び直せばいいのか、そして自身はどう学び直しているのかと、これからのヒントを聞いた。

[聞き手・教育新聞編集部長 小木曽浩介）]

教員自身の学び直し

——これからの答えのない時代、教員はどう自分をアップデートしていけばいいでしょう。

　まず厳しいことを正直に言います。私は学校の先生が「世の中で一番変わりたくない人間」だと思っています。教員免許を取って、それでもって一生暮らしていこうという思考で、自分は何も学び直さない。そういう人が子供を教えるということは、これからは非常に危険なことだと私は思います。

　欧米に追い付け、追い越せという時代は「答え」があって、ある意味、大船に乗った気持ちで教えていればよかった。ところが今は、答えがない時代なので、教えるというような態度ではなく、「答えを一緒に見つけようね」と子供と一緒に考えられる、そういう先生でなければいけません。

——教育新聞の読者は、そうしたことはクリアしていて、「変化」「成長」を模索している教員です。では、「もし大前さんが教員だったら、どうするか」を教えてください。

大前研一通信・特別保存版Part.13　33

非常に単純で、うまくいっているケースを見に行くんです。これがもう全てですね。うまくいっているケースを、自分が持っているわけじゃない。つまり答えのない時代というのは、発見するしかないのです。

だから例えばデンマークとか、スウェーデンとか、シュレーダー改革以降のドイツの教育制度とか、こういうのを見に行きます。

自身の学び直し方

──大前さん自身も教育者として、そうやって学び直しているのですか。

ええ、「人生はすべて、あらゆる点において『学び直し』」です。ただし私は、自分は教育者というよりも、あくまでも技術者だと思っています。具体的には原子炉なのですけれど。科学技術というのは、観察しないとしょうがない。答えがあるのではなくて、答えを見つけるわけですね。

「これ面白いよね」「どういう発想でやっているのだろう」など、いろいろ知りたいことがあるじゃないですか。相手が若くても、私が学びに行く。やっぱり話を聞かなければ。

私は松下幸之助さんのコンサルティングもやったし、盛田昭夫さんのコンサルティングもやったし、いろいろなコンサルティングをやって、実はお金をもらいながら勉強したんですけどね。それをものすごく生かしています。

そういう意味で私は、「答えがある」という前提を置かないで、技術者として見に行く。そして人の話を聞く。今うまくいっている人がいたら、その人たちから学ぶ。これを繰り返すしかないでしょう。

これを重ねることによって、場合によっては同じようなことを模索している人に紹介したり、語れるものがあったりするかもしれない。

答えはないのだから、それしかないんです。

お互いに学び合える場

――教育新聞の役割は、まさにそれです。

　教育新聞は電子版があるんだから、読者同士が質問し合える場所を作るといいですね。読んでいる人が「こういうのはどうなの」「ああいうのはどうなの」「自分はこういうやり方をしているけど」と、お互いに学び合える場にするんです。そういう議論の場所を作っていくのが、非常にいいのではと私は思いますね。

　一人で悶々としていても答えはないし、同じような悶々としている人が集まれば知恵者もいるだろうし、いろいろ違う考え方が出てくるじゃないですか。

　それによって、「学校や教員の心配事の本当の中心的なテーマは何なのか」ということがお互いにも分かるし、他の読者にも分かる。これ、非常に有効だと思いますね。

ビジネス・ブレークスルー大学も、教育者というよりはある意味、自分が経営をしながら、そういう人たちが来て学べる場を提供する――と、そういうふうに思っています。

これからのヒント

――それでは最後に、読者へメッセージを。

　これからの学校教育のヒントは何か。個人教授ですよ。もう全部、個人教授ですよ。クラス全員にまとめて全部同じことを言って、うまくいくなんてことはあり得ないですよ。もしそんなパッケージ化できる教育があるなら、それはネットでいいので、学校が必要なくなります。

大前研一通信・特別保存版 Part.13　35

だから、これからの学校と先生の仕事は、個人教育なんです。児童生徒の個性を見て、その子が伸びる方法を見つけてあげる。「その生徒の持っている能力を発見する」ということです。

だから私は教員の役割とは、子供の個性を見ながら伸びていく方向を見つけ、伸ばしてあげることだと考えます。

オールラウンドに全部強くするなんてことは、もう思わないでいいんです。世の中に出た時は、秀でたところだけで稼ぐんですよ。だからその秀でたところを見つけて伸ばしてあげる。

そしてそこから先、先生は応援団になればいいわけです。私はそう思いますね。

（教育新聞 2019 年 8 月 8 日〈株式会社教育新聞社〉https://www.kyobun.co.jp/）

2．見えないものを見る力「構想力」・「稼ぐ力」の必要性

◎すごく伸びる会社、消滅する会社

インドのスーパー人材を確保できるか、今後の企業浮沈は人材を集められるか

　私が言いたいことは、「日本経済や日本の企業の再生はやはり人材にかかっている」ということだ。

　グローバル企業でＣＥＯをやっている人材を見ると欧米系はもちろん、アジアでもインド系は大変多いし、中国系では台湾系が圧倒的に多い。しかし日本人のトップは一人としていない。

　さらに言えば、グローバル企業に入社した日本人で取締役会メンバーがいるかといえば、これもゼロだ。これはひとえに文部科学省が支配する学校教育の賜物だ。国内でしか役に立たない人材をひたすら文科省が輩出してきたためである。

　世界のどこに出しても活躍できる人材をどれだけ輩出できるか。人材教育以外に日本の将来を切り開くものはない。ところが教育がどう変わらなければいけないのか、という議論すら俎上に載らない。これが、日本の低迷がまだまだ続くと思われる理由である。

　グローバル企業のトップが続々輩出されるインドは、最大の輸出品目が人材だ。技術系のＩＩＴ（インド工科大学＝全部で 16 校ある）と経営系のＩＩＭ（インド経営大学院）が輸出ファクトリーで、150 倍とも言われる競争率を勝ち抜いて入学した人材は最先端のテクノロ

ジーや経済理論を学んだうえに英語とＩＴに熟達する。

卒業生は、世界中から引く手あまたで、昨年あたりＩＩＴの最高峰であるバンガロール校の卒業生がＧＡＦＡに年俸1600万円程度の初任給で採用されている。日本ではユニクロが令和2年の初任給を20％上げ300万円にした、というのがトップニュースだ。

世界最貧民国を卒業しかけているインドだが、エンジニアの給料は世界トップレベル。そのレベルの人材が21世紀の企業価値を変える、と思われているからだ。日本の企業が欲しがって「初任給は240万円だけど、終身雇用を保証します」などとＩＩＴに行って誘っても一人も採れない。一つの会社に居続けたいと思うグローバル人材などいないからだ。

繰り返すが21世紀は答えのない時代である。答えが見つからずに皆が迷っているときに、方向を示して議論を集約し、一つの答えにたどりつかせる。見つけた答えに向かって皆を動かす。それが答えのない時代に求められるリーダーシップだ。

優れたグローバル人材を多数輩出している北欧諸国は90年代に「答えのない教育」に舵を切った。「答えのない時代に先生が教えるのは危険」という考え方から、「先生」という呼称もやめた。文科省の教育指導要領に則って全国一律に教える日本の教育システムなど危険この上ない、ということになるだろう。

私はインターナショナル・バカロレア（ＩＢ、スイス・ジュネーブに本部がある国際バカロレア機構が提供する国際的な教育プログラム）の学校を学校法人ではなく、株式会社でやっている。

年に数回、シンガポールにあるＩＢのアジア本部から検査官がやってきて授業を見て回る。教科書に準拠した授業をしようものなら「この先生は見込みがない」とピシャリと指摘されるのだ。教科書を頼りにする教師は自分の考えややり方がないのか、と問い詰められる。

おかげでＩＢの審査に合格しなかった先生に代わって世界に通じるレベルの教師を揃えたら平均給与は大幅に上昇してしまった。人材で

妥協するようではＩＢの認定はもらえないのである。

ＩＢでは「セオリー・オブ・シンキング（考え方の基本）」を教える。論理学みたいなもので、答えを見つけていくプロセスを学ばせるのだ。これをクリアしないと大学受験資格が取れない。

もう一つ、重要視しているのが言語。「１カ国語しかできない人間は世界のリーダーにはなれない」というのがＩＢの強い信念で、少なくとも母国語と世界の主要言語、２カ国語をネーティブ並みに話すことが要求される。

答えを導き出す論理的な思考力と細かなニュアンスまで伝えられる語学力＆会話力。ＩＢが規定する世界のリーダーになるために不可欠な２つの要件は、これからの日本に必要とされるリーダー像にもそのまま当てはまる。

このところスポーツや音楽の世界で日本人の活躍が目覚ましい。野球、ゴルフ、テニス、水泳、スケートといったメジャースポーツはもちろん、バドミントン、卓球、ボルダリングにサーフィンなど、さまざまな分野で世界トップレベルの日本人アスリートが登場してきている。

ノルディックスキージャンプのワールドカップで日本人初の個人総合優勝を飾った小林陵侑は22歳。シニアデビューでＧＰファイナルを制したフィギュアスケート女子の紀平梨花は16歳だ。クラシック音楽やバレエなどの世界的なコンクールでも、若き日本人が次々に才能を開花させている。世界最高と言われるベルリンフィルの第一コンサートマスターは樫本大進がこの９年間務めているが、まだ40歳。彼は13歳の頃から出場したコンクールで軒並み優勝している。

スポーツや音楽、バレエなどの分野で世界的なレベルの日本人が登場してきているのは、それらが文科省の指導要領の外にあるフィールドだからにほかならない。そして世界レベルがどのようなものか「見える化」していることも理由の一つだ。学問でも経済でもスポーツでも、目標が見える、答えが見えると日本人は必死に努力し世界第一線

大前研一通信・特別保存版 Part.13 39

に到達できる能力を持っている。

しかし、経営は答えの見えない世界。そこで求められるのは見えないものを見る力（私は著書などでこれを「構想力」と呼んでいる）であり、自分で答えを導き出す能力とスキルだ。これからの企業の浮沈は、それらを持ったグローバル人材をいかに世界中から集めてくるかにかかっている。

（すごく伸びる会社、消滅する会社　プレジデント 2019/5/13 号より）

◎今後「稼げるスキル」のすべてを語ろう

大企業で 45 歳以上を対象にした早期退職の募集が増える中、日本人の給料の「未来」は――。

グローバルビジネスの「今」を切り取り、舌鋒鋭く追及してきた大前研一氏が、日本人の給料の行方と、今求められる「稼ぐ力」について語り尽くす。

［取材・文：佐藤留美、リサーチ協力：上田裕］

27 年間で 7 万円しか上がらない

――日本人の給料は、1997 年の 467 万 3000 円をピークに下がり始め、2017 年は 432 万 2000 円でした。1990 年から数えると、上昇した平均給与はわずか 7 万円しか上がっておらず、他の先進国より上昇率が極めて低い。日本人の給料の現実について、どう捉えていますか？

大前（以下、略）　日本は共産主義社会のようになっていて、社長以下の社員は、耐え忍ぶのが当たり前のようになっています。

アメリカのように上の給料を上げて下の給料を下げることがいいとは思いませんが、日本企業が世界化していくとき、社員に世界標準の

給料を出せないと、いい人なんて絶対に捕まえられないですよ。

　先日ソニーがＡＩ人材の初任給を最高730万円払うという新聞記事が出ていましたが、私はこれを見て、あの国際企業であるソニーが外国人と日本人の給料を分けていたのだと知って、びっくりしましたね。

　私はマッキンゼーで20何年間働いていましたが、そんなことをやったら、優秀な人間は誰も採れませんでしたよ。

　もちろんマッキンゼーも各拠点により賃金が高いところ安いところがあり、入り口での給料価格は違いますが、ある一定のレベルになったら、その違いを縮め、この範囲にすると定めます。

　そして、さらにレベルが上がるとまったく同一にする。こういうシステムを、世界50カ国ぐらいで、共同で作りました。

　それから先は、収入に比例したバスケットカレンシー（通貨バスケット制：通貨を一定の割合で加重平均したものと自国通貨を連動させること）のように、通貨を売り上げに比例した基準に直し、「マッキンゼー・カレンシー」でもって、いくら払うと決めました。

　我々は、給料はそれだけ公平にすることに決めたんです。だから、例えばパートナー（役員クラス）になると、世界中、同じ指標で「君は何点」と定め、それをローカルな通貨に直す。

　ここまで公平を期さないと、いい人なんて絶対に採れません。

——それだけ社員の給料に、最大の配慮を払わないと、優秀な社員が
　　流出してしまう、と。

　例えば、ある国の社員の給料を低く抑えていたとします。そこで、彼らに訴訟されたら、一発で終わりです。

　国際企業は、国際的人材、つまり、将来の幹部候補生については、給料を世界で全く同じシステムにすることが、もう何十年も前から常識です。

　ところが、ソニーは、今どきＡＩ人材に年収730万円ですよ。

今、ＡＩに精通したいい人を採用しようとしたら、例えばインドの場合、最高峰のインド工科大学（ＩＩＴ）の優秀な学生は新卒でも大体、年収1500万円は出さないといけない。

２、３年前、中国のファーウェイが、日本で優秀なエンジニアの学生に、「新卒初任給40万円」を払うとして話題になりましたが、あれだって、自国の学生には、80万円近く払っているんですよ。

楽な年功序列に逃げる日本企業

——国際基準で優秀な人材を採りたいと思ったら、年功序列型の給料などあり得ない、ということですね。

あり得ません。

ただ、日本の場合は、社長さん自身が、割に低い値段で働いています。なぜかって、1億円の年俸以上になると、表に出るじゃないですか。これが嫌なんでしょうね。

この前、報道でそのトップ10が出ていましたが、そのうち5人はソフトバンクグループでした。なんだ、これはという感じなんですが（笑）。

〈日本の一般的な社長は〉あそこに自分の名前が出ると、恥ずかしいんですね。

でも、今のままだと、こういうことが起こります。

例えば、日本企業がアメリカの拠点でいい人を採ろうとする。すると、十中八九、日本本社の社長より給料が高い。

でも、そうしないといい人が採れないので、現地のヘッドハンターの言う通りにして、採用する。すると、（本社社長は）心の中で、その人を恨むんです。自分の給料の倍近く取っている人がいる、という事実をね。

それで、私が今から事例に出すようなことが起きるんです。

その企業は、12月が決算期でした。だから、クリスマス頃が一番忙

しい。ところが、その時、アメリカ法人の社長が家族そろって2週間バケーションに行った、と。それで、その社長はクビになったんですよ。

もう、何考えているのと。

「俺の倍、給料を貰っておきながら、クリスマスにいなくなった。決算を何だと思っているんだ！」なんて言ったって、カルチャー的に無理ですよ。

こういうことが日本企業と国際企業のズレであり、こういう日本企業はそのアメリカ法人の社長クラスのいい人を採るのは無理だ、ということです。こういう話は、枚挙に暇がないんだ。

例えば、日本の社長は、「今、景気悪いから、みんな、我慢しろ」と、紙なんか裏まで使って、鉛筆1本にいたるまで倹約しろというのが、いつもの癖ですよね。

それで、アメリカなんかに行っても、そういう話をするじゃない？

君たち、耐え忍んでくれと。そうすると、今の時代だと、次の日、誰もこないよ（笑）。

嘘でもいいから、トランプ（米大統領）ぐらい、ハッタリきかせてやれよ、と。

——優秀な人材はワクワクさせないと定着しない、ということですね。

ところが、日本の社長っていうのは、給料こそ大したことはありませんが、高いところで飲み食いしたら会社にチャージ、ゴルフやっても、会社にチャージでしょう？　運転手もいるし。そういうお金も入れたら、本当は（手取りは）高いんでしょうね。

一方、アメリカやヨーロッパは、経費は給料の一部として、まず、大枠のグロスを定義します。そして、その中で、例えば運転手にいくら使いたいとか、飲み食いにいくら使いたいと決める。

こういうことは、自分でやれと、言いたいですね。

大前研一通信・特別保存版 Part.13　　43

——日本型雇用の特徴は、年功序列に加え、終身雇用です。それについて経団連の中西宏明会長とトヨタ自動車の豊田章男社長は、維持は難しいといった発言をされています。日本を代表する企業の社長がこうした発言をされるといったことから、日本人の給料も年功序列色が年々薄まっていくと読み取れませんか？

　個人別に、能力に応じた給料が払われるのは、本来、当たり前の話なのですが、日本の問題は、人事評価に時間を使わないことです。
　人事ファイル（各人の実績や、出来ること、評価などが書かれたシステム）にしたってそう。
　ある会社の社長が僕に、「うちは人事ファイルを持っています」と言うから、見せてくださいと言ったら、ほとんど「良くやった」とか3行ぐらいしか書いていないのよ。これじゃあ、評価にならないじゃない（笑）。

——それは本当にその通りですね。

　人事評価っていうのは、年に2回ぐらい、それぞれの人と向き合って、「君、前回の面談では、こういうことをやると言ったと、それの成果が出ていないじゃない」といったような対話をした上で、次の給料を決めていくものでしょう？
　そもそも各人が、自分がやったことを綿密に書くのが基本で、例えば、指導者も考えられないような難しい仕事をやったのなら、自分でその創意工夫を文章で記述しなきゃいけないんです。
　ところが、日本の場合、1から5まである評価軸の中で、自分で5を付けて上から文句を言われそうな気がして、4を選んだりして。そんなのばっかりですよ。だから、人事ファイルなんて見ても何の役にも立たない。
　人事考課の面談だって、丸、バツ、三角だとか、良くやったとか、

いまいちだったとか、そのぐらいしか言葉がないんです。だから、評価を個別の給料に変えることができない。

一方、グローバル企業は、人事評価に、ものすごい時間を使います。マッキンゼーの場合ディレクターら指導者は、30パーセントの時間は人事に使うことが義務付けられていました。

こういうことを君はやると約束したのに、出来ていない、改善していないと。君、残念ながら、来年は減俸だよと。この状態が、あと1年続いたら、うちの会社にはいられないよ、と。

日本の会社は、こういう議論がないんです。

——そう考えると、年功序列は運営が楽ですよね。年齢順に給料を上げ下げするだけですから。

そう。何もやらなくていいのよ。

年功に加えて、みんな、5段階評価の中、アバウト「4」でいこうといった感じで。今では、「2」を付けたら、パワハラだって言われちゃうしね（笑）。

「人生100年時代」のウソ

——また、最近は「働き方改革」の影響で残業が減り、残業代が少なくなることで、手取り収入が減る傾向にあります。大前さんは、残業代次第で年8兆5000万円、ＧＤＰの1.6%が減少すると、指摘していました。

そうです。安倍（晋三）さんの改革っていうのは、全部暗くなる方向にしか行っていない。

日本には、1800兆円の個人金融資産があるんだから、金利を1パーセントを付けただけで18兆円でしょ。ところがこの豊富な個人資産に

大前研一通信・特別保存版 Part.13　45

金利が付かないんだもん。とんでもない時代錯誤ですよ。

　金利を上げないと、個人は（金を）使う気にならないでしょう？　株も上がっていかないでしょう？　アメリカは、平成の間に株は約3倍にもなっているので、「４０１K」を使って資金を運用している個人は非常に潤っている。

　ところが、日本の場合、役人がリンダ・グラットン（『ライフシフト100年時代の人生戦略』の著者でロンドンビジネススクール教授）なんか連れてきて、「人生100年」なんて言い始めちゃうんですから、バカじゃないのかと思う（笑）。

　日本人はだいたい、80歳までは何とか（資金の）準備ができていると思っていたんです。ところが、いきなり「人生100年」とか言われて、「うわっ、20年足りない」と、これだけ貯金の多い国民が、お金を使わなくなってしまった。

　なぜ、政府はそんな、自縄自縛のことをするのか。本来、日本は老後の心配が一番少ない、世界の中でも珍しい国なんですよ。

　日本人は平均を取ると、死の瞬間に約3000万円のキャッシュを持って死んでいくんです。それを、使えばいいのに使わない。イタリア人みたいに、持っているものを全部使って、楽しく生活しようとしたら、景気は良くなるんですよ。

　1800兆円の個人資産に対して4パーセントの金利をつけるとするじゃないですか。すると、今、金融庁が「老後資産は2000万円必要」と言った2000万円が金利だけで、確保出来るんです。

　だから（金利を）4パーセントにすればいいんです。日本は金利が高い方が、景気が良くなるんです。

　だいたい、「人生100年」なんて言いますが、本当に100年生きる人は何人いるの、という話です。そんなの、8人に1人くらいしかいませんよ。

　残業代についても罰則付きの規定がついて、それに違反した企業はブラック認定されるようになりました。

でも、僕がマッキンゼーにいたときは、何をやらなきゃいけないか
は自分で決めろ、終われば帰ればいいし、やりたいならやればいいっ
て言っていましたよ。そもそも、残業代なんてないし。

――各人の裁量で決めることで、国が規制する話ではないということ
　　ですか？

　自分のやることくらい自分で決めるのが、プロフェッショナルの仕
事です。
　そこに対して、何時間以上は駄目とか、そういう言い方をするのは
余計なお世話です。
　だいたい、安倍だとか、麻生だという人は、家柄が首相じゃない。
自分で鉛筆1本売ったことがないやつが、何を言っているのよと言い
たい（笑）。

――リアリティがない、と。

　うん。もっといけないのは、経団連の会長ですよ。みんな、大手町
に行っちゃうと、（政府に言われたことを）「はあ、分かりました」っ
てなっちゃう。
　そこはやっぱり、「経営っていうのは、そういうものじゃない」って
言ってくれなきゃいけないでしょうに。

伸びる「業界」に移れ

――国際標準では、給料は、業績に加え、各仕事の難度や希少性、つ
　　まりは市場価値で決定するのがスタンダードですが、日本もその
　　ような「役割給」が浸透すると思いますか？

何度も言いますが、そもそも、給料を決めるには、綿密な「対話」が必要なんです。

あんたにはこの仕事をやってもらったが、今回はうまくなかった、と。だから、来期はこれを改善して、こんなチャレンジしてくれと、相手が理解できるフィードバックを与えるのが基本ですよ。

——個人に関しても、自分の給料を上げたかったら、仕事のレベルアップをするしかないことを、自覚する必要もありそうです。

日本人の場合、業界によって、ものすごい給料が違うんです。例えば、化学業界とか、繊維業界は、給料が低い。

大学時代の同級生が、40歳になると、業界が違うというだけで、下手をすると3倍の違いがあるんです。

ところが、業界だけで、それだけ違うのに、日本人は移らないでしょ？

——実際、転職率はさほど上がっていません。

そういう国は、日本だけです。刑務所に入っているわけじゃないのに（笑）。日本人の多くは、自分の中で「バーチャル刑務所」を作ってしまう。

かつての同級生が3倍稼いでいるのなら、そっちの業界に行けばいいじゃないですか。

よその国の人なら、絶対に稼げる場所に行きますよ。日本の場合、もっといけないのは、同じ会社の中で、自分の同期より自分のボーナスが30万円低かったというだけで恨んでいることです。

ちょっと、待てと（笑）。大学時代、お前より成績が悪かったやつが、よそで300万円以上稼いでいるだろうと。

——伸びている産業に身を置けば、当然、給料も上がるから、そこに

移れるようにしろ、ということですね。

　まず、伸びている業界に移るためには、どんなスキルが必要かを考える。例えば、マーケットオートメーションを勉強する必要があるなら、僕だったら、死ぬほどその勉強をしますね。
　そもそも、日本人はみんな「名札」は持っているけど、「値札」を持っていないんだ。
　自分に値札を付けるためには、死ぬまで勉強するしかないんです。
　ところが、私が昔、ある会社の人をインタビューしたとき、「あなたは、何ができるの？」と聞いたら、「課長です」なんて言うんだ。バカじゃないのか、と（笑）。これでは、自分に値札を付けられないよね。

──自分の値札を付けるためには、まず自分は何が出来るのかが説明
　　できないといけない、ということですね。

　ところが、日本の場合、履歴書の技能欄に「普通自動車免許」とか「英検何級」とか書くじゃない。そんなの、何の意味もないよね。
　一度、英語で履歴書を書いてみたら分かるけど、向こうの人間は学生だって、例えば自分は飲食でアルバイトをやっていた時、学生なのに店長をやれと言われて、実際にこういう風にやっただとか、ボーイスカウトをやっていた時は、２年目にはあんたがリーダーだと言われて下の人たち15人を連れてオリエンテーリングに行っただとか、自分は何をやって何が出来るのかを書くよ。だって、それで給料が決まるのだから。
　ましてや社会人なら、他社と競争するこんなプロジェクトで、こんな役割をやって、圧倒的に成果を出したとか、自分のやってきたことと出来ることを物語として語れないと駄目でしょう？
　それとね、給料を上げたかったら、就職は３回までと覚悟することですね。

——就職は3回まで、ですか？　つまり4社目以降は、給料が下がると？

　4社目から、給料は下がり始めます。
　国際的な一般論として言えば、2社目で（給料が）うんと上がって、我慢して、そこですごい成果を出して、3社目でドーンとトップに就く。こういう話ですよ。

——では、NewsPicks読者も3社目で頂点を目指すようなキャリア作りを意識したほうがいいですか？

　そんなの当たり前です。2社目で我慢することが大事で、そうじゃないと、転職グセがつくじゃない。
　そうなると3社目、4社目で自分の値段がどんどん落ちます。まれに4社目で上がる人もいるけども、3社目でピークを狙わないと駄目です。
　1社目はとんでもない会社に入っちゃったな、でいいんです。1社目は踏み台に使って、2社目でがーっと実績を出しで、3社目でポンといい所に行くと。こういう感じですね。

成熟産業の「未来」

——「規模の大きい業界ほど、ディスラプトされるインパクトが大きい」と指摘されていました。

　銀行なんて、その代表だよね。銀行ごといらなくなったんだから。極端な話、日本に1個銀行があればいい。
　自動車会社だって、最終的にはいらなくなるんじゃないの？　自動運転の普及でUberが、その牙城を取っちゃったら、もういらないよね。

──小売りについては、ＥＣ、無人店舗化とかが進む、と。

アリババやジンドン（JD.com 京東集団）を見ていて思うのが、モールなんて作っちゃったら、散々な目に遭うってこと。中堅規模の町では、モールが廃墟になっているよね。

──メディアについては？

サブスクリプションでしょ。僕は、残念ながら、おたくのキュレーションでもって新聞を読んでいるよ（笑）。

──日本人の給料の源泉である日本の産業界の今後については？

日本の企業の業績の今後？　そんなの、良くなるわけがないでしょう。
だって、その背景には、人間というものを固定化しようっていう政府がいるのですから。人間を固定化して、産業界が成り立つってことは、どこの国でも、あり得ないからね。
三越伊勢丹がいい例よ。
うちの年寄りは、もういりません。48歳以上は、割増退職金を付けますからって、辞めさせようとしたでしょう？
ああいうのは、僕に任せてくれと思うよね。僕だったら、48歳以上の人を、リカレント教育でもって叩き直してやるよ。
──48歳なんてまだ脂が乗った働き盛りです。
でも、社長は分かっているのよ。あいつらは、俺と似たようなやつだ、と。

──似たようなやつ、ですか？

大前研一通信・特別保存版Part.13　　51

「俺が駄目なんだから、あいつらも駄目だろう」と思っているのよ（笑）。社長が、そう思っているからこそ、ああいうことをやるわけ。

　下からeコマースで追い掛けられていると思うと、「俺も駄目だけど、あいつも駄目」だと、だけど「俺はクビにする側だ」と。あの割増退職金によるリストラっていうのは、犯罪だよね。

──一方で、新卒はたくさん採っています。

　そう。しかも、200人以上も採った。あんなの、犯罪もいいところですよ。新卒のガキに何ができるの（笑）。

　かといって、48歳のフロアマネジャーはどうかというと、彼らはパートで派遣されてきている凄腕の女の人に支えられているわけでしょう？　一日、うろうろうろうろしているだけじゃない。

　そういうフロアマネジャーが、独立して何かできるの。なぜ、あの人達が駄目かって、自分で仕事をやったことがないからだよ。自分で売ったことがないんだもん。凄腕の女性に支えられてきたから。

──日本の会社は他の先進国に比べて、教育投資をしないという問題点もあります。

　一方、スウェーデンやドイツは、人材の問題を基本的に、企業の責任にしなかった。それでもって、企業には、いらない人間を吐き出せ、と言ったんだ。

　人材の問題は、国の問題として再教育します、とね。それで、国が出された人をトレーニングし直して、この人はこういう教育を受けましたという証明書を付けて、もう一回、労働市場に売りに出すやり方をした。

　こんな風に、人材の問題は社会の問題ですって言ったところが、ド

イツのシュレーダー改革のすごいところよ。

　ところが安倍さんは、日本からパートや派遣という言葉をなくしたい、なんて言ったでしょ？　さらに、社員の雇用を延長せよ、と。

　それって、国が年金を払いたくないので、最後まで企業が面倒を見ろってことでしょう。

　そうやって、全部、企業にしわ寄せをしている。

　日本はこれから、安倍改革の遺恨が出てきて、にっちもさっちもいかなくなるでしょう。人の問題を、社会の問題として捉えられるかどうかが、日本の未来を決める分かれ目ですね。

「見えないもの」を稼ぎに変える

――日本人は「実務至上主義」的な考え方が支配的で、他国に比べて、社会人が教育機関に行って学び直すことに消極的ですが、大前さんは、大人の学び直し（リカレント教育）の重要性を繰り返し説かれています。

　会社の中の実務をいくらやっても、価値ゼロよ。

――えっ、そうですか？

　そりゃ、そうよ。

――実務から学ぶことって、いっぱいありませんか？

　いや、会社の中の仕事っていうのは、大半は機械に任せたほうがいいようなことを、人を介してやっているだけです。だから、それに価値はない。

　価値があるのは、例えば古い産業にいたとしても、新しい事業を作っ

大前研一通信・特別保存版 Part.13　　**53**

て、サイバー上のお客さんを連れてきたとか、そういうことは学びになるし、全部、自分の値札を上げることにつながります。

　ただし、繰り返しになりますが、普通の実務を誰よりも頑張って、人の5倍やりましたといっても、価値ゼロです。

　みんなそれを「成果につながっている」と言うけれど、ほとんどの人は、「気の〝せいか〟」ぐらいしかなっていません（笑）。

——つまり、他社でも使える実務以外学びにならない、と。

　その通り。他の会社に移せるかどうかが大事です。

　先の例でいうと、仮に、自分がサイバー上のお客さんをたくさん連れてこられるスキルがあるとすれば、会社に、「私に、この仕事をやらせてください」と言って実績につなげることがポイントです。

　ただ単に、仕事をいっぱいやりました、というのはバカです。自分が抱え込んだって、何のスキルにもなりません。

——ずばり、これから値札が上がるスキルとは何でしょうか。

　1つは、ネットの社会の中で、お客さんが見える形にすることです。

　ネットという世界は、その背景に、お客さんがたくさんいます。それを、どうやって、うちの会社のものを買ってくれるようにおびき寄せ、最後、お金につなげるかを考える構想力ですね。

　「airCloset（エアークローゼット）」にしても、「メルカリ」にしても「ラスクル」にしても、みんな見えないお客さんを見えるようにしたわけよ。

　これからは実社会で、いい所にお店を作りました、客が入りましたじゃ駄目なの。目には見えない、ネットの向こうにいる人たちを、見えるようにする力が最も重要です。

　これは手法的には、マーケットオートメーションといって、標準化されているものですが、それを使いこなして、実際にお客さんが来るところまでもってくのは、結構なスキルがいるし、最も金になるんじゃない？

──それは、全産業にいる人にとって、共通して言えることですか？

　そうですよ。例えば、ディズニーランドに勤めている人が、客の入りが悪くなったとする。今の時代、そこに来てもらうのに、新聞広告を出しても誰も見ないじゃない。ネットで引き寄せる方法しかない。
　だから見えないお客さんを見えるようにして、お客さんの入りがこんなに増えたといったら、たとえ、会社が評価してくれなくても、その実績を履歴書に書いたら、その人はすぐに売れるよ。

──起業も、お試しで小さく３回くらいやってみろ、３回やれば何か
　　は当たるかもしれないということも話されています。

　そうです。
　とりあえず、奥さんとやってみるのも良し、大学時代の友達とやってみるのもいい。うちなんかの場合だったら、息子とやるね。

──そして、死ぬまで学び続けろということも強調されています。

　生まれてから死ぬまでリカレント教育ですよ。
　私なんかも、いい年をしているけど、まだまだ、若い経営者を育てているし、若い経営者から学んでいます。
　これは面白いということをやっている人には、自分からすぐに会いに行きますから。
　うちの大学（ビジネス・ブレークスルー大学）で講師をやってもらっている廣瀬光雄さん（元ジョンソン・アンド・ジョンソン日本法人社長）なんて、70歳から会社を３つ作って、２つ上場させていますよ。世の中には、そういうすごいおっさんもいるの。
　金はあって食うに困らないし、友達のネットワークもあるし、勘も

大前研一通信・特別保存版 Part.13　　55

あるから、いろんな人に協力してもらうことができる。若い人がやるより、よっぽどいい場合だってあるんだ（笑）。

　だから結局、給料を上げたかったら、人間、死ぬまで勉強だってことだよ。

（実務の価値はゼロ！　THE・給料 #1 NewsPicks・2019/7/8〈株式会社ニューズピックス〉
vol.299 https://newspicks.com/news/4033139/body/）

第2章：21世紀を生き抜く学び（リカレント、STEAM）

Column ◇【大前研一×オズボーン⑴】2020年以降、「稼げるスキル」とは何か？

　いよいよ、あと半月ほどで2020年代が幕を開ける。これからの10年は、どんな時代になるのか。各分野のトップ経営者や有識者が大胆に予測する「2020年後の世界」。

　トップバッターは、ビジネス・ブレークスルー大学の学長で日本を代表する経営コンサルタントの大前研一氏と、論文『雇用の未来』で「10年後には今ある職種の約半分がなくなる」と予言し、世界中から注目されたオックスフォード大学のマイケル・オズボーン教授の対談をお届けする。

　ともに「未来のスキル」について語る当代随一の論客であり、本年のNewsPicksの特集誌面を飾った記事は、記録的なヒットとなった。

【未来予測】10年後に「売れるスキル」「廃れるスキル」

　そんな2人が占う、2020年以降も「稼げるスキル」とは？　そして、フューチャースキルを獲得するために行うべき教育の姿とは？

「スキル」を変える時代

大前　あなたの以前の論文（「雇用の未来」）が発表された当時(2013年)、一部の人々は「あと20年で47％の仕事がなくなるかもしれないのか。これは大変なことになるぞ」と大騒ぎしました。

　かつて、チャップリンが『モダン・タイムス』（労働者が機械の一

部になるなど機械文明を皮肉った映画）という映画を撮った当時も、人々はロボットに職を奪われるだろうと騒ぎ、恐れました。

しかし実際には、テクノロジーから新しい仕事が生まれ、仕事がなくなった人々の生活を支えました。

あなたの最近（2017年）の論文（「スキルの未来」）では、これからの時代に新しく生まれる仕事に対応するため、われわれは「スキル」を変えていかなくてはならないという提言がなされています。

あなたの住むイギリス同様、日本は人件費が非常に高い国です。そういう国に住む人間には、あなたのメッセージがとりわけ力強く響くでしょう。

人件費の低い国とまともに戦っても勝負にならないので、より新しい仕事に目を向ける必要に迫られているからです。

そのあたりの話を、今日は深く論じ合えればと思います。

オズボーン　人々が昔から、テクノロジーに仕事を奪われるかもしれないと恐れてきたという点については、まったくその通りだと思います。

その歴史は、チャップリンはおろか、ローマ時代にまでさかのぼります。そして、いつの時代もテクノロジーは、最終的に社会がより良い方向に進むための原動力となってきました。

今、私が恐れているのは、その「移行期」のことです。

長い目で見れば、テクノロジーは新しい仕事を生み出し、豊かさを広範囲に分配するでしょう。

しかし、そこにたどり着くまでの何十年かの間に、取り残されてしまう人が多数出てくる可能性があります。

そんな懸念から、私たちは「スキルの未来」という論文を発表しました。

明日をつつがなく迎えるために、人々はできる限りの武器を手にしておくべきだと考えたからです。

「クリエイティビティ」こそ鍵

オズボーン　これから重要になるスキルとは、端的に言えば、「人が

得意であって、機械はあまり得意ではないもの」です。

　なかでも私たちは、「クリエイティビティ」と、「高度なソーシャルインテリジェンス」を強調しています。

　これらのスキルは、現在の教育制度の中では必ずしも重視されていません。

　それをどのように育んでいくべきか、改めて考える価値は大いにあると感じています。

大前　現代の産業において、クリエイティビティは常に重視されてきました。

　あなたが言うのは、より広範な人間、より多くの業界がクリエイティビティを必要とするようになるということでしょうか？　それとも、より高度なクリエイティビティが必要になるということですか？

オズボーン　両方だと思います。

　ＡＩは、まさに汎用技術と呼ぶべきものです。過去における電気の発明に匹敵するものです。ＡＩは、経済はもちろんのこと、私たちの生活のあらゆる側面に関わってくるでしょう。

　その影響は、当然ながら様々な領域の職業に及びます。

　また、こうした変化を実現するために、まず私たちはイノベーションを起こさなくてはなりません。人間とＡＩを一対一で置き換えるといった、単純な話ではないからです。

　私たちは新しいテクノロジーにできることを理解したうえで、働き方も一から考え直さなくてはならない。そのためには高度なクリエイティビティが必要になります。

大前　日本では以前から、ゲームやアニメ、マンガなどのコンテンツ業界においては、数多くのクリエイティブな才能が誕生しています。10代の若者が技術を学び、すばらしい仕事をしています。

　ただ、この傾向がなかなか他の産業に広がっていかないのが、われわれの悩みと言えます。

　これは、もともと日本人がクリエイティビティに欠けているということなのでしょうか？　それとも、クリエイティビティが広く必要とされる時期が来れば、自然と他の産業にも浸透していくものなのでしょうか。

ご存じのように、日本はつねに欧米に追いつこうとしてきました。

その中で、日本人に求められてきたのは、欧米の技術をすばやくコピーして、より良い製品をつくるスキルでした。したがって、クリエイティビティはさほど必要とされてこなかったのです。

一方で日本は、アジア諸国の中では、主に科学の分野で他国より多くのノーベル賞を獲得しているという実績があります。

あなたが「スキルを見直さなくてはならない」と言うとき、それはサイエンス方面に注力すべきだという意味でしょうか？

それとも、今ゲームやアニメでクリエイティビティを発揮している人々に、他の分野でも活躍するように働きかけていくというような意味でしょうか？

オズボーン 日本以外の国々でも、アートやゲームデザインの分野には、多くのクリエイティブな才能が集中しています。

とはいえ、これらは伝統的な産業においてイノベーションを起こせるようなクリエイティビティとは少し違うように思います。

今求められているのは、石油・ガス業界や自動車業界といった伝統的な産業を変える力を持ち得るクリエイティビティだと思います。

言い換えるなら、ともすれば保守的になりがちな組織が、どうすれば新しい時代に順応できるかを考える力です。

教育にイノベーションを

大前 日本人について、もうひとつ興味深い例を挙げましょう。

芸能やスポーツといった分野でも、わが国は世界クラスの人材を輩出しています。

例えばベルリン・フィルのコンサートマスターは、日本人の樫本大進（かしもと・だいしん）です。クラシックバレエやフィギュアスケートなどのジャンルでも、日本は世界のトップレベルにいます。

何が面白いかというと、先ほどのゲームやマンガもそうですが、日本人が世界で存在感を発揮しているのは、わが国の文科省がほとんどタッチしていない分野ばかりだということです。

文科省は、独自の政策やガイドラインを設けています。教師のため

の手引きを作り、どのように生徒を教えるべきか逐一指導しています。

にもかかわらず、その成果は捗々しく（はかばかしく）ありません。

オズボーン　なるほど。

大前　結局、われわれは欧米に追いつこうとしていた頃の、旧式の教育にいまだに囚われているのです。

旧式の教育の特徴は、「正解」を見つけるための教育であるということです。

われわれが求めていたのは、欧米に追いつき、追い越すための正解です。欧米の製品を小型化したり、より高品質なものを作ったりすることで、20世紀後半の日本はそれを実現してきました。

しかし21世紀に入って、ルールはすべて書き換わってしまった。

いまやアメリカのGAFAや中国のアリババ、バイドゥが世の中を席巻しています。彼らに匹敵するような日本企業はひとつもありません。

そんな中、文科省のガイドラインのもと、非常に古い形の教育システムに従い続けているのは、きわめて深刻な過ちだと思うのです。

つまり、今もっともイノベーションを必要としているのは、教育の分野ではないでしょうか。

あなたが言う「未来のスキル」を、若いうちに獲得するという観点で、教育機関はどのように変わっていくべきだと思いますか？

オックスフォード式教育に学べ

オズボーン　教育機関が変わらなければならないというのは、まったくその通りだと思います。

一方で、これからの時代に、若い人が身に付けるべきスキルは、自ら学ぼうとする姿勢と、さまざまな環境に対応できる順応力だと思います。

世の中がこれほどのスピードで変化している現在、高校や大学で学んだ専門知識が、一生涯役に立つとは到底思えません。

そのためのアプローチとしては、手前味噌になりますが、オックスフォードやケンブリッジでの教え方は、悪くないモデルだと思います。

私たちの大学では中世の昔から、1人の教師と若干数の生徒が向き

合って、ある議題について1時間ほど深い議論を交わす時間を設けています。その中で、生徒は学びの姿勢を身に付けます。

　議論を通じて、教師と生徒はお互いが理解していることと、理解できていないことを探り合います。これにより、小一時間後に教室を出るころには、教師も生徒も、議題についてより深い理解を得ているのです。

大前　授業というよりも問答に近い教育ですね。

　そのような教育も有効だと思いますが、それに加えて、問題を見つけるスキルや、解決策を導き出すスキルなども身に付けなくてはならないのではないでしょうか。

　そのためには、学校教育の中でどのようなアプローチを取るのが有効だと考えますか？

　教師というものは、往々にして楽をしたがるものです。

　少なくとも日本ではそうです。教員免許を取りさえすれば、一生食べていけると考えているような教育者を、どうすれば変えることが可能でしょうか？

　教育者が変わらない限り、若者たちが新しいスキルを学校で身に付けることは不可能です。そもそも、新しいスキルが必要だという認識すらないまま、社会に出るはめになるかもしれません。

テクノロジーが教育を変えた

オズボーン　実は私は教師一家の出身です。オーストラリアの実家にいる両親も、おじもおばも皆教師です。

　彼らの教え方は、先ほど私が紹介したような（オックスフォードやケンブリッジでの）やり方そのものでした。

　私が思うに、多くの教師は、大教室で一方的に生徒に向かって講義をするような表面的な教育ではなく、生徒と深く関わり合うことに喜びを感じているのではないでしょうか。

大前　なるほど。

オズボーン　その意味で、私は教師を信じています。

　クラスの規模を小さく分割したり、カリキュラムの自由度を増した

大前研一通信・特別保存版 Part.13　　63

り、教師の裁量を増やしたりといった、しかるべき仕組みを整えれば、どの教師も生徒と深く関わるような教育に喜んで取り組むようになるだろうと思います。

　もちろん、こうした制度を整えるには、それなりの投資が必要になります。

　しかし、テクノロジーの進化に対応すべく教育制度が改革され、そのために多額の投資がなされたというケースは、過去にも存在します。

　そもそも義務教育という制度自体、産業革命がもたらしたものです。

　20世紀に入ると、アメリカで農業革命が起き、農場で働いていたアメリカ人の40%が都市部の工場やオフィスで働くようになりました。

　この大きな変化によって、高等教育の義務化が叫ばれるようになり、ここでも多額の投資がなされました。

　その結果、農地出身の若者たちは、新たな時代に登場した仕事に就くために必要なスキルを身に付けることができたのです。

「多様化」する未来の仕事

大前　私立と公立の学校に大きな違いはあると思いますか？　イギリスの事例でも、オーストラリアの事例でも構わないのですが。

オズボーン　私立と公立というより、教師と生徒に信頼を置いている学校と、そうでない学校の違いに注目したいですね。

　この場をお借りして、ぜひ「生徒中心」の教育の重要性を訴えたいと思います。

　一人ひとりの生徒が、自分の興味のある分野を追求し、選んだ分野について、教師と深い会話が交わせるような環境が必要です。

　未来のスキルという冒頭のトピックに戻ると、これは「特定のスキルを身に付けろ」という話ではありません。

　ＡＩ中心の世の中になるからといって、誰もがデータサイエンティストや機械学習のエンジニアになるわけではないでしょう。

　むしろ、未来の仕事は今以上に多様化していくはずです。

　ですので、生徒に対して「これからはこのスキルとあのスキルが必要だ」といった具合に、あまり限定した言い方をすべきではないと考

えています。

　仮に「数十年先に、絶対に必要になるスキル」なるものがあったとして、それがどのようなものになるのか、今の私たちには知りようがありません。

　したがって、生徒たちを信頼し、好きなスキルを習得させるのが最善なのではないでしょうか。

　長いキャリアを通じて学び続けるためには、興味のある分野から学びをスタートすることが重要だと考えます。

生徒と教師に、もっと「自由」を

大前　日本では、私立校も公立校も政府から助成金を受けています。すると、政府が作ったガイドラインに従わざるを得ません。

　政府のガイドラインはとても厳密なもので、この科目には何時間、あの科目に何時間割り当てるといった具合にカリキュラムが決まっており、教師や学校にはほとんど裁量が認められていません。

　別の言い方をすると、日本の教育の8割は文科省が牛耳っているのです。それを思うと、21世紀に対応したスキルが学校で獲得できるのか、はなはだ心もとない。

　この問題は企業にも及んでいます。

　旧式の教育を受けた年配者が新人を教育しているので、まっさらな新人が古いやり方に染まってしまうのです。

　この事態を、どうやって避ければいいでしょうか？

オズボーン　企業が順応力が高く、複数のスキルを学べるキャパシティを持つ従業員の必要性に気付けば、しかるべき従業員教育がなされるようにプレッシャーをかけられるのではないでしょうか。

　つまり、国家が時代遅れな教育を提供しているというのが問題の本質ではないように思います。

　とはいえ、国家はもっと、生徒と教師に自由を与えるべきだというのは、その通りだと思います。

　その観点では、スカンジナビア諸国は特にうまくやっています。彼らを参考にするという手はあるでしょう。

「親の不安」は子に悪影響

大前　親の問題もありますよね。

　親というものは、自分の子どもに成功してほしいという強い欲求を持っているものです。とはいえ、彼ら自身にできるのは、自分たちが親から学んだやり方をそのまま子どもに伝えることだけです。

　自分が大して成功していない親の場合、子どもには同じ轍を踏ませたくないということで、これをしろ、あれはするなと、何かと子どもの行動に口を出すようになります。

オズボーン　そうですね。

大前　あなたが言うような未来のスキルを身に付けるにあたって、こうした親の存在は、非常に大きな障害になると思われます。彼らをどのように変えますか？

オズボーン　私としては、実は親が障害になるとは思っていないのです。

　私も二児の親です。確かに、子どもに成功してほしいとは思っていますが、同時に彼らの幸福を望んでもいます。

　実際のところ、幸せな幼少期を送り、自分の興味を追求することは、成功の前提条件であるようにも思われます。

大前　とはいえ、多くの親は、それほど「できた親」ではないのでは。あなたの論文に感銘を受け「よし、わが子には未来のスキルを身に付けさせよう」と考える親が、そこらじゅうにいるわけではないでしょう？

オズボーン　それはそうかもしれません。

大前　あなたが言うような親は、あなたの周りにしかいないのかもしれない。

オズボーン　子どもに古いやり方を押し付けたり、ことさら厳しく教育しようとするのは、親の不安の表れだと思うのです。

　未来の雇用市場は非常に厳しく、自分の子どもにはあまり可能性がないかもしれないという不安です。

　それを解消するには、国家がある程度のセーフティネットを提供する必要があるでしょう。

　例えば就労トレーニングを実施したり、学校で良い成績を収める以

外にもたくさんの成功へのアプローチがあることを示して見せたりして、「未来はそれほど悪くない」と親たちを説得していかなくてはなりません。

　納得できる道が見えてくれば、親たちも喜んでそちらの道を進んでみようと思うはずです。そちらの道を進んだほうが子どもたちの幸せになるのであればなおさらです。

ウォルト・ディズニーの構想力

大前　私が代表を務めるビジネス・ブレークスルー大学では、カリキュラムの大部分をクリエイティビティの育成に割いています。

　想像力を育むには、方法論を教えるというよりも、事例をたくさん学ぶことが大事だと私は考えています。

　事例を吸収することで、さまざまなビジネスの可能性に気づくことができるからです。

　例えば、ウォルト・ディズニーがオキチョービー湖で泳いでいるワニを見て、未来都市をイメージしたテーマパーク「エプコット」のコンセプトを思いついたというようなエピソードを生徒に話します。

　もともとディズニーは、シカゴやニューヨークといった人口の多い地域にパークを作ろうとしていたのですが、冬の寒さが厳しすぎるので断念し、南部のフロリダ州オーランドに候補地を変更したという経緯があります。

　このときにディズニーが作った投資家向けのプレゼン資料を、私はウォルト・ディズニー・プロダクションから入手しました。

　それが本当に素晴らしいもので、投資家たちは「われわれにはワニしか見えてないのに、彼にはこんなものが見えているのか」と、大いに驚いたといいます。

　ディズニーは50歳を超えても、想像力に加えて、成功するという意志と、ビジョンを達成する力を持っていました。私はこれが、クリエイティビティのあるべき形だと考えています。

　人によっては、白昼夢に過ぎないと言うかもしれません。しかし、ビジネスの想像力と白昼夢はまったく異なるものです。

「事例」を吸収するのがカギ

大前 ビジネスにおいて想像力は、実現しなければ意味がありません
し、実現できるものでなくてはなりません。

　だからこそ、実現した事例を数多く知ることが重要になってくるの
です。このような教え方をしている機関は類がないのではないでしょ
うか。

　ヤマハの創業者である川上源一のエピソードなども、非常に示唆に
富んでいます。

　川上源一は、戦後の非常に貧しい時代に、日本人全員がピアノを弾
けるようになる世の中を想像しました。

　そこで、ピアノを売るために、彼は産婦人科の病院に出かけていく
んです。出産を控えた女性を相手に、これから毎月1000円積み立て
れば、お子様が8歳になるころにはピアノが買えますよ、と売り込ん
だ。

　これは非常によくできたシステムで、おかげで多くの家庭にピアノ
が普及しました。日本では20％の家庭にピアノがあるのですが、こ
れはドイツよりも多いのです。

　じつに素晴らしい想像力だと思いますし、素晴らしい実行力だと思
います。

　このような事例を次々に吸収することによって、人は影響を受けま
す。未来の捉え方や、自分のやりたいことの捉え方が変わるのです。

想像力は「白紙」からは生まれない

オズボーン クリエイティビティとは、本質的に知識を通じて獲得で
きるものだということですよね。その考え方には共感します。

　想像力とは、空っぽの脳から突然生まれるようなものだと考えてい
る人は少なくありません。あるいは真っ白なキャンバスに絵を描くよ
うなものだと。でも、それは誤解です。

　クリエイティビティとは大部分において、自分が探求しようとして

いる分野について深く知ることから生まれるものです。

　知識を通じて、何が成功しやすく、何が失敗しやすいのかという直感を得ることができますし、自分の行動の選択肢を増やすことにもつながります。

　ただ一点、注意したいと思うのは、成功事例だけを目を向けるべきではないということです。

　私にとっては、「常に成功するとは限らない」ということを認識するのも、イノベーティブであること、クリエイティブであることの一部だからです。

　間違い・失敗はほとんど避けられないものですし、それもイノベーションのプロセスの一部です。したがって、イノベーションを起こそうと思うなら、失敗も受け入れなくてはなりません。

大前　ただ、成功した事業の資料には、優秀な先達の思考プロセスを辿れる、という効果があります。

　例えば先に言ったウォルト・ディズニーのプレゼン資料を見れば、彼の思考の仕方が理解できます。

　ちなみに、私はあるグラフィックデザイナーに、私が構想している横浜港や築地市場のプロジェクトを絵にしてもらったこともあります。

　言葉で説明するだけでは、「まあ、それもいいかもしれませんね」で終わってしまうような話でも、絵を使って説明すると「これこそ、まさに私が求めていたものですよ！」という反応が返ってくる。

　すぐれたグラフィックには、人を説得する力がありますね。

平凡な人間でも大事を成せる

大前　ところで、オズボーン　さんは、カナダのウィスラー・マウンテンに行かれたことはありますか？

オズボーン　はい、あります。

大前　今では北米で一番人気のあるスキーリゾートですが、あの場所で、なぜそのような開発を行うことが可能だったのか、私はとても不思議でした。

というのも、ウィスラー・マウンテンというのは、もともとはバンクーバーのゴミ捨て場だったんですね。谷にゴミを投げ込んでいたのです。

オズボーン　それは知りませんでした。

大前　しかしあるとき、一人の男性が山の形に目を留めて、ゴミ捨て場をスキーリゾートに作り変えようと考えました。

　彼はノルウェー人の山岳レンジャーで、カナダに移民してウィスラーに住んでいました。

　私は彼に直接会いに行って話を聞いたのですが、ゴミ捨て場だった大きな穴をふさぎ、もともとあった屋根を残せば、雪に煩わされない駐車場ができると考えたそうです。

　最初は誰も耳を貸してくれなかったので、自力でリフトを作ったといいます。

　しかし、彼の成功を見てほかにも追随する人が現れ、ウィスラーは一大リゾートになりました。

　平凡な山岳レンジャーが、北米一のリゾートの誕生に非常にクリエイティブな役割を果たしたのです。

　このような事例をもっと集めて、新しいことをやろうとしている人をエンパワーするために活用すべきだと思います。

　本当は世界的なプロジェクトとしてやるべきだと思いますが、少なくとも今、私は自分にできることとして、自分の学校で教えているのです。

「小さな一歩」の大切さ

オズボーン　素晴らしいことだと思います。

　今のお話を聞いて私が感じるのは、「小さな一歩から始める」ことの大切さです。

　例えば、先ほどおっしゃっていた「『未来の横浜港』を図に起こしてプレゼンしてみる」などもそうでしょう。

　投資してくれそうな人や、計画に懐疑的な人とコミュニケーションを取るのは、それ自体が価値のある行為ですし、自分自身のビジョン

がより具体化されていくという意味もあります。

　イノベーションとは、大きく構想するほど、構想段階で止まってしまいがちです。

　実行に移すのが非常に難しいのです。

　もし、実行のプロセスを細かくブレイクダウンして示すことができれば、より多くのイノベーションが生まれるのではないでしょうか。

（2020年後の世界「正解」に価値なし！〈前編〉2019/12/16：株式会社ニューズピックス）

Column ◇【大前研一×オズボーン⑵】学ばない親と教師が、子どもを駄目にする

　先が見えない未来を生き抜くための「フューチャースキル」と、その教育方法について、ビジネス・ブレークスルー大学の学長で日本を代表する経営コンサルタントの大前研一氏と、論文『雇用の未来』で世界中から注目されたオックスフォード大学のマイケル・オズボーン教授が対談する本企画。

　2回目は、今後あるべき教師像から、世界の先進的な教育事例、はたまた米名門校の問題点にまで、議論が白熱する。

親にこそ教育が必要

大前　前回論じ合った「親の役割」について、少々あなたの意見に異議を唱えたいのですが。

オズボーン　どうぞ、お願いします。

大前　あなたの考え方は、いささか楽観的であるように感じられます。

　親が子どもに成功してほしいと思うとき、彼らのアプローチが必ずしも正しい方向に向かうとは限りません。

　過度に干渉することもあるでしょうし、与える助言が適切でないこともあるでしょう。休暇中の子どもの時間を、教師さながらに管理しようとする親もいます。

もう少し厳しい視点で親を見て、彼らが子どもの進路を妨害するのを防ぐ方法を考えてみてもらえませんか？　あるいは、もっと建設的な方向に親を導くにはどうすればいいのかを。

オズボーン　私としては……。

大前　この際、ご自分のことは切り離して考えていただければ。

オズボーン　子どもの教育に親が全く関わらないというのは、必ずしもプラスにはならないと思います。

子どもにとっては、親が自分たちの将来に関心を持ち、力を貸そうとしていると実感すること自体が、大きな励みになるからです。

したがって、私はどのような意味合いにおいても、親と子のコミュニケーションに対して批判的な態度は取りたくありません。

ただ、前回もお話ししたように、親による過干渉は、完全に「恐れ」からきていると思います。恐れと保守主義は、表裏一体の関係にありますから。

親の恐れの源になっているのは、子どもの選択肢は非常に限られており、そこへ至る道も 1 本しかない。したがってその道を通らなければ破滅する……といった思い込みです。

その恐れを直接解消することができれば、親たちの行動を、子どもにとってだけでなく、社会全体にとってプラスになるように変えていくことは可能だと思います。

大前　親に対するリカレント教育のようなものが必要だと？

オズボーン　そうですね。それはとてもいいアイデアだと思います。

これから先の時代に何が起こるのか、どのようなスキルが求められるようになるのかといった情報を、親に対しても伝えていくことは重要だと思います。

それが、親にとっても子どもにとっても、進路について重要な決定を下す際の材料になるでしょう。

「ティーチャー」は要らない

大前　私はスカンジナビア諸国で 90 年代に行われた改革に大きな関心を持っています。

当時、デンマークでは次のようなことが叫ばれました。

「21世紀には、決まった解決法や決まった答えといったものはなくなる。だから、『教師（ティーチャー）』という呼び方は廃止しよう。答えがないなら、教える者も必要ないからだ。教師という概念自体、21世紀にはそぐわない」。

この考え方は、デンマークからスウェーデンやフィンランドへと広がっていきます。

教師という言葉の代わりに、どのような言葉を使っているのかと彼らに尋ねたところ、「ファシリテーター」だという答えが返ってきました。

教室に26人生徒がいれば、26通りの問題への解決策がある。どの解決策を採用するかは、全員で討論すべきだ。教師の役割は、ファシリテーターとして、最終的な結論に至るサポートをすることなのだ、と。

スカンジナビア諸国では、このような教育を20年も前から実施しているわけです。今や彼らは、様々な分野で世界をリードする存在になっています。

北欧諸国の躍進に学ぶ

大前　人口約600万人のデンマーク、約1000万人のスウェーデンといった小規模な国々でも、これほどの存在感を示せるというのは驚くべきことです。

彼らの強みは、小国なりの将来像を見通すことができたということです。自国で成功することだけを良しとせず、世界的なリーダーになることを目指す人間が多数登場しました。

その最初の事例が、フィンランド発のノキアでしょう。

彼らは携帯電話の黎明期に、世界のナンバーワン企業になることに成功しました。後に経営難に直面することになりますが、初期の発展に貢献した人々はヘルシンキに戻り、様々な新しいビジネスを起こしています。

こうした躍進のプロセスをさかのぼると、その起点は教育にあった

のです。

　例えば、教室に26人いれば26人なりの解決策がある。それらをブレンドすることで、より優れた解決策にたどり着くことができる。そのプロセスを教育の現場で経験させるというのは、素晴らしいアプローチだと思います。

　このような教育を、他の国々では見たことがありません。ごく小規模な形では行われているのかもしれませんが。

企業が「教育改革」の推進役に

オズボーン　私の妻はデンマーク人なので、デンマークの教育システムについて、ある程度は理解しています。

　私もまた、彼らの教育モデルに学ぶべき点は大いにあると考えています。

　今の時代、情報へのアクセス方法は無数にあります。つまり、教師だけが情報や答えを提供できる存在であると考える理由はありません。

　生徒の一人ひとりが、各自のパソコンや携帯電話の中に関心事を見つけることができる時代にあっては、チームとして様々な情報を持ち寄り、どれが一番信頼に足るかを議論するためのスキルを学ぶことの方が、単に教師から与えられる答えを丸暗記することよりも、はるかに意味があると思います。

　ただ問題は、そのアプローチをどのように取り入れるかということではないでしょうか。

　まずは、このような教育モデルを支持し、この手法が社会課題を解決するのに役立つと信じる人々が、政治的に連携するという体制が必要になると思います。

　その中には、企業も参加すべきでしょう。

　自分たちの従業員のスキルが、これからの時代が求める領域やレベルに達していないという危機感を企業が抱いているのであれば、彼らが改革を推し進める原動力になることもあり得るだろうと思います。

　企業が積極的に動けば、国の教育システム全体が変わるかもしれな

い。

　具体的に、どのようなアプローチが成功するのかは、私にはわかりませんが、デンマークのような教育モデルを取り入れる価値は、確かにあると思います。

大国で改革を起こす難しさ

大前　デンマーク式の教育は、なぜ他の国に広まっていかないのでしょうか？　つまり「北欧の外には」という意味ですが。

オズボーン　当然ながら、国の規模という問題がありますよね。小国では、そのような変化を起こしやすい。

大前　その通りですね。小国ではソーシャル・ディベートが活発で、このような議論に親たちも参加しています。

　小国が中国やインドとの競争に勝とうと思えば、彼らに取れる唯一の戦略は、自らの得意な分野、国民が自ら選んだ分野で、グローバルなリーダーになることです。だから、誰もがこぞって議論に参加するのです。

　一方、大きな国になると、官僚や政治家が議論の中心になって、親や学校は蚊帳の外に置かれてしまう。それが、非常に難しい点だと思います。

オズボーン　北欧のようなモデルにたどり着く方法のひとつは、意思決定の責任を中央政府から地方へ移すことでしょう。

　地域のニーズに合わせて、各自治体に教育方針を決定する権限を譲ることは、大変ヘルシーなことだと思います。

「成功体験」が邪魔になる

大前　日本という国で合理的な地方自治制を実現するのは、私の人生を通じての挑戦でした。結局は徒労に終わりましたが。

　日本は世界でも際立って中央集権的な国家のひとつです。一冊の教科書が、国中の教育を支配しているのです。

　こうした体制は、日本の産業化と、戦後の復興を推進する上では非

常にうまく機能しました。

しかし今日は、この成功の方程式がむしろ邪魔になっています。国民を21世紀に順応させる障壁になっているのです。

だからこそ、日本人はあなたの論文にとりわけ深い関心を抱いているのだと思います。

オズボーン　それを聞いてうれしく思います。

私が強調したいのは、たくさんの種類の花が咲くような社会を目指すべきだということです。未来を生き延びる方法はひとつだけではありません。

先ほど話題に上ったデンマーク式の教育は、比較的うまくいっている事例のひとつですが、他にも様々なアプローチがあるはずです。

あるいは、デンマーク式の教育といえども、予期せぬ事態が起きてとん挫することはあり得るでしょう。

ですから、繰り返しになりますが、失敗を受け入れながら数多くのアプローチを試してみることが、イノベーションを起こすためには欠かせないと思うのです。

各国の教育システムの問題点

大前　私はオーストラリアのクイーンズランドに家を持っているのですが、そこでも教育の問題はほとんど論じられていません。

オーストラリアの人々が関心を持っているのは、もっぱら移民の問題と、中国との関係性についてです。中国から多額の投資を受けることを是とするか否か、みたいな話ばかりを耳にします。

中国との関係をうんぬんする以前に、自国の教育システムを改革することを考えた方がよさそうなものですが、少なくとも私の目にはそのようには映りません。

オズボーン　実のところ、オーストラリアの教育システムには、かなりうまくいっている部分もあります。

具体的には、高等教育のローン制度（在学中の授業料は無料とし、卒業後に所得に応じて課税方式で授業料を返還する制度。いわば大学卒業後の「出世払い」）などです。

大前 それはその通りですね。

オズボーン この制度によって、多くの若者が高等教育を受ける機会に恵まれています。だから、オーストラリアではそれほど大きな変革の必要性を感じていないのかもしれません。

とはいえ、まだ改善の余地があるというご意見には同意します。

大前 アメリカでは、大学が教育改革の原動力になり得るのではないでしょうか。

非常に有力な大学、例えばスタンフォードやMIT、ハーバードなどは、学生を選ぶことができる立場にあります。

彼らが「こういうタイプの学生を求めている」と言えば、それ自体が大きな影響力を持つでしょう。

とはいえ、これらの大学で実際にそのような議論が交わされているかどうかは疑問です。私はスタンフォードで教えたこともありますし、MITの理事会に参加していたこともありますが、実際に耳にしたことはありません。

アメリカでは、あなたの論文へのリアクションもあまり聞かれないように思います。実際のところ、いかがですか？

オズボーン 彼ら自身は、危機的な状況だとはあまり感じていないのではないでしょうか？ 実際、アメリカの大学制度は多くの点で非常にうまくいっています。

とはいえ、問題が多々あるのも事実です。

そのひとつが、入学者選抜の方針です。レガシー・アドミッション（卒業生の親族や子息への入学優遇制度）が、優秀な生徒を選抜する方法として理にかなっているとは思えません。

イギリスのオックスフォードやケンブリッジでは、入試の際に、全ての学生と個別に面談を行います。同窓生の子弟が優遇されることもありませんし、スポーツなどによる推薦枠もありません。

これは、結果的に大学に有益な結果をもたらしているのではないかと思います。

大前 確かに、あなたの大学は輝かしい実績をお持ちだ。

オズボーン 私たちの入試システムが完璧だと言うつもりは全くありません。公立校出身の学生に対する差別は厳然として存在しますし、

大前研一通信・特別保存版 Part.13 77

これは公に認めていかなくてはならないことだと感じています。

「雇用の未来」への各国の反応

大前 ところで、これまであなたの論文に最も関心を示したのはどこの国だったのですか？

オズボーン 世界中から反響がありましたが、国によって内容の受け止め方が違うのが面白いところです。

特に2013年の論文（雇用の未来）は、アメリカやイギリスでは「恐怖を煽っている」と批判されました。これらの国々では「人口の半分が職を失う」という見出しと共に論文の内容がメディアに紹介されたので、常識的な人々ほど「そんなはずはないだろう」と反発したのです。

大前 労働組合の反応はどうでしたか？

オズボーン かなり関心を示していましたが、私たちの論文を受けて、彼らが実際に何か変化を起こそうとしているかどうかは定かではありません。

もうひとつ際立っていたのは、日本をはじめ、人口動態変化が進行している国々の反応です。

これらの国々では人手不足に対する解決策として、よりテクノロジーの可能性に目を向けようとしているように感じられました。したがって、恐怖よりも期待の方を強く感じましたね。

大前 中国はどうですか？

オズボーン 中国からの反応は、あまりありません。

大前 そうでしょうね。

中国は、あなたの論文の趣旨を理解したとしても、おそらく「変わる」ことができないのではないかと思います。

中国の未来は暗い？

大前 中国では教育が100％管理されていますし、海外の大学が進出することも認められていません。ジョイントベンチャーのような形で

の例外はありますけどね。

　学生に教えることと、教えるべきではないことの線引きを、極めて厳格に行っています。

　したがって、言論の自由や思想の自由はなきに等しい。

　私は中国のいくつかの省でアドバイザーを務めているのですが、彼らとうまく付き合っていく秘訣は、中国の全体主義体制については意見を差し挟まず、どうすればもうかるかというテーマにだけ集中することです。

　中国はこれまでのところ成功を収めていますが、思想の自由、想像力を広げるといった話題に触れるテーマは鬼門です。

　彼らもきっとあなたの論文は読んでいるはずですが、反応がないのは、だからではないでしょうか。

オズボーン　中国には行ったことがないので、そのあたりはよくわかりませんが……。

大前　ちなみに、アルビン・トフラーの『未来の衝撃』は、中国ではとても読まれています。

　トフラーは中国によく行っていましたし、彼が説く「衝撃」は、中国人にも受け入れられていたように思います。

　というのも、トフラーは政権に関する話題や、思想の自由といった問題からは巧みに距離を置いていましたからね。中国には越えてはいけない一線というものがあるのです。

　医師をルーティンから解放せよ

大前　ところで、あなたの次の研究テーマは何なのですか？

オズボーン　ちょうど、「ヘルスケアの未来」についてのプロジェクトをまとめたところです。

　イギリスでは非常に大きな関心が持たれている分野ですし、ＡＩの活用という話題になったときに、しばしば言及されるトピックでもあります。

　一部には、診断を下す役割が医師からＡＩに移るというようなことを言う人までいます。

大前研一通信・特別保存版 Part.13　　79

私はその考え方には懐疑的なのですが、ＡＩが医療や健康管理の分野で大きな可能性を持っているのは確かでしょう。

ＮＨＳ（イギリスの国営医療サービス事業）では、医師の多くが非常に単純なルーティンの作業に時間を取られています。

診察しながらメモを取ったり、カルテをまとめたり、あるシステムから書類を作成して、それを別のシステムに保存し直したりといった非効率的な業務がたくさんあるのです。

そういった部分では、ＡＩを活用して自動化を進めていくことが非常に有効だと思っています。

誰もがＡＩを扱える時代に

オズボーン もうひとつ、学外での取り組みとして、「マインド・ファウンドリー」という会社を立ち上げたことが挙げられます。

この会社の目的は、ＡＩの価値を見いだすのに苦労している企業を、ＡＩの力でサポートすることです。

今日のＡＩは、かつてのコンピュータのような使われ方をしています。

その昔、コンピュータとは組織の中枢にいるチームだけが使うものでした。同じように、今日ＡＩを扱っているのは、データサイエンス部門など組織の中のごく限られた部署だけです。

しかし結局、コンピュータが成功を収めたのは、あらゆる人が自分の机の上でパーソナルコンピュータを使うようになってからでした。

つまり、誰かが自分の代わりにコンピュータを使うのではなく、一人ひとりが課題を解決するために自らコンピュータを使うようになって初めて、コンピュータは普及したのです。

マインド・ファウンドリーのビジョンは、これと全く同じシフトをＡＩの分野で起こすことです。

ＡＩは、ビジネスのほんの一領域で珍重される技術にとどめるべきではありません。あらゆる人がＡＩを使いこなせるようになるべきです。

私たちは、誰もがＡＩの知識を身に付け、自身の専門知識と組み合

わせてＡＩを活用できるようなプロダクトを開発しています。

ＡＩを良いことのために使う

大前 あなたの論文で言及されている内容の広範さを考えると、ＡＩに特化したビジネスというのは、少々ジャンルを限定しすぎだという印象を受けますね。

ともあれ、そうした会社を作られたわけですね。この会社の成果を、われわれはどのような形で知ることになるのでしょうか？

オズボーン マインド・ファウンドリーの目的は、「ＡＩを良いことのために使う」という、私のビジョンを実現することです。

21世紀の可能性を最大化するためには、あらゆる領域でＡＩを活用していく必要があります。

とりわけ重要なのは、世界経済が同時減速に向かう中、経済を再び成長軌道に乗せるという課題を解決することです。

加えて、気候変動の問題をはじめとするグローバルな社会課題にも、ＡＩの力を生かすことができるでしょう。

再生可能エネルギーの需給予測などにもＡＩは力を発揮します。この技術は、次世代のエネルギー戦略の核になるものだと考えています。

結局、私は根っからの技術者なのです。専門はエンジニアリングですから、ただ椅子に座っているだけでは、どうも落ち着きません。ＡＩを実地で活用してみないと気が済まないのです。

オックスフォードの「変身」

大前 オックスフォード大学も、あなたのビジネスに関わっているのですか？

オズボーン マインド・ファウンドリーは、大学からのスピンアウトプロジェクトです。したがって、大学も深く関わっています。

大前 このようなプロジェクトを推進するなら、ケンブリッジのトリニティ・カレッジの方が良い環境なのでは。

オズボーン おっしゃる通り、ケンブリッジはテクノロジー関連のス

ピンアウトプロジェクトで多数の成功事例を出しています。

　ですが、オックスフォードも後れを取るまいと奮闘していますよ。

大前　オックスフォードは「思考派」、ケンブリッジは「発明派」というイメージがありましたが、今は違うのですね。

オズボーン　そういったイメージを覆そうと努力しているところです（笑）。

大前　それは素晴らしいことだと思います。これからも、現代社会全体にインパクトを与えるような仕事をされることを期待しています。

　それは、15年、20年、あるいは30年先のわれわれ自身に関わることなのですから。

　今日はどうもありがとうございました。

オズボーン　こちらこそ、お招きいただきありがとうございました。とても楽しいひとときでした。

（2020年後の世界　過去の成功体験は邪魔〈後編〉　2019/12/17：株式会社ニューズピックス）

1. 21世紀を生きる子どもたちのための、学びのパラダイムシフト

［文責：宇野 令一郎（リトルエンジェルス・インターナショナル
理事長、アオバジャパン・バイリンガルプリスクール理事）］

◎パーソナライズドラーニング・アダプティブラーニング

(1)背景

　一方通行の授業形態は、18-19世紀の産業革命後、学校が義務教育化される過程で広く普及しました。工業化社会の進展とともに、この one size fits all 的な教育は、世界中で広く普及し、今でも多くの教育現場で実施されています。

　この授業形態は以下の2つの特徴があります。

- ●教師は標準化された単一の内容を、講義形式で提供する
- ●全ての生徒にとって、1科目当たりの授業時間、学習の進捗スピードは同じである

　この方法は、より多くの人に効率的に教育を提供し、標準的に知識をインプットした人材を大量に育成する目的には寄与しました。然しながら、人の得意・不得意・理解スピードの差異を無視しています。また、この手法で得意分野を伸ばしていく事も困難です。

　現代は仕事の内容も多様化・複雑化しています。子どもたちが社会で活躍する未来は、Googleのおかげで大量の知識を記憶する価値も薄

れ、ＡＩのおかげで機械的な情報処理能力やルーティン業務を人間が行うことの価値も薄れていきます。そのような中、これからを生きる人が身につけるべき力は、皆が等しく大量の知識を記憶し、平均的にスキルを修得することではないでしょう。

　むしろ、一人一人の個性を活かしながら、本人が好奇心を保ち続けられる分野を伸ばすことや、クリエイティビティやソーシャルスキルといったアウトプット力を伸ばすことに教育の時間を使うことが、教育現場では大事なことだと考えます。

　とはいえ学校教育においては、不得意分野であったとしても生きていく上で必要不可欠な内容は、最低限生徒に身につけてもらう必要があります。

　得意分野・不得意分野に関わらず、インプットの時間を効率的にし、好きな分野を伸ばすことやアウトプット力をつけるための時間を最大化することを、具体的に教育現場で具現化するための手法として、「パーソナライズドラーニング（個別化学習）」「アダプティブラーニング（適応学習）」という２つの概念を紹介します。

　この２つは一般には目新しい単語かもしれません。文部科学省の「Society5.0におけるEdTechを活用した教育ビジョンの策定に向けた方向性」では、すぐに着手すべき課題としてアダプティブ・ラーニングの推進を指摘しています。また経済産業省が進める「未来の教室とEdTech研究会」では、「学びの自立化・個別最適化」が、「学びのＳＴＥＡＭ化」とともに大きく提言されています。10年ごとに改訂される学習指導要領が本格改訂・施行する2020年以降、メディアなどでこれらを耳にすることが増えると思います。

⑵起源と歴史

　日本で突然のように注目されているこれらの概念は、実は非常に古くからある概念から出発しています。まず、根本的支柱となっている

半世紀前の研究をいくつか紹介することから始めたいと思います。

① キャロルの学校学習モデル

　まず最初は、J・B・キャロル（John B.Carroll）（1916-2003）の学校学習モデル（Model of School Learning）です。キャロルは、学校の授業における学力差が生じる要因と、落ちこぼれの防止策を研究しました。そして、「能力の差を最小化するために、学習時間の差を活用する」という考え方を提唱しました。

　遺伝子学も発達した現代においては、成績の差の要因の一つに遺伝があるという、半ばタブー的な論点もあります。半世紀前にキャロルは、教育者としてそのような考え方はせず、成績差は、学習課題の達成のために各人によって異なる必要な学習時間を使わなかったことが原因である、としました。

　ある課題を短時間で済ませる子どもと、時間がかかる子どもがいることは、誰もが自らの学校時代に経験してきた、自然なことではないでしょうか。実際、修得に必要な時間の長さは、科目や得意分野により、一人一人異なるのです。従って一方通行の授業を同じ時間提供した場合、成績差は出てしまうのです。キャロルの考え方に基づけば、親や教師は、これを能力がない子とみなすのではなく、援助と時間をかける必要がある生徒、とみなすことが大事です。

　キャロルはこの考えを、次の学習率の式にモデル化しました。キャロルの考え方に従えば、この分母の数は生徒により異なります。学校教育において時間割で規定される週○時間、年○時間という科目ごとの標準学習時間についても、個別に調整が必要ということになるでしょう。

$$\text{学習率（\% of learning）} = \frac{\text{学習に費やされる時間（time spent）}}{\text{学習に必要な時間（time needed）}}$$

　分母と分子は以下のようにブレークダウンできます。やや専門的で

すが、教師だけでなく保護者にとっても、子どもの学習の定着に必要なことを考えるチェックリストとしても使えるので紹介します。

$$学習率 = \frac{学習機会・学習持続力}{課題への適性・授業の質・授業理解力}$$

　学習率の向上には、分母の時間を減らす、分子の時間を増やす工夫が必要となります。

分子：学習に費やされる時間の要素
1）学習機会：学校で割り当てられている授業時間が適切か
2）学習持続力：学習機会のうち、子供が実際に集中した時間

　分子の1）は、学習課題の内容に比して授業時間が少なければ、課題当たりの時間が足りず、生徒は内容未消化のうちに次に進むことになり、悪循環となり、学習率の低下に繋がります。また、2）は、難しすぎる、易しすぎる、興味分野でない、という場合は持続力が下がるので、これも学習率の低下につながります。

分母：学習に必要な時間の要素
1）課題への適性：例えばある課題や分野の授業において、課題達成に必要な時間の長短
2）授業の質：教師の授業内容だけでなく、テキストの質や関連する資料の内容は適切か（教師の工夫による差）
3）授業の理解力：授業の質の低さを、本人が有する資質が補って理解する力

　分母の1）と3）は、生徒により個人差がどうしても出る部分です。3）の指摘の通り「1を聞いて10を知る」「行間を読む」

ことができる生徒と出来ない生徒がいることは否めません。ただ
しそれは生来のものというよりも、過去の学習の蓄積次第と言え
ます。分母を減らし学習率を上げるためには、教師や親は 2）に
充分な注意を払う必要があります。

　以上、1960 年代に提唱された、個人差への対応を整理したキャロル
のモデルを紹介しました。このモデルは学校教育の在り方に大きな影
響を与え、一部の海外では飛び級や留年制度の理論的支柱ともなって
います。

②完全習得学習（Mastery Learning）

　B.S.Bloom らは、Caroll の学校学習モデルを発展させ、完全習得学習
（Mastery Learning）を提唱しました。これは、個人の学習ペースにあ
わせて基礎学習を完全にマスターしてから次に進む、という考え方で
す。このモデルは当時より主流であった一方通行授業の教育現場に影
響を与え、成績の個人差を解決する有効な手段として知られるように
なりました。

- 一方通行授業の節目ごとにテストを行う
- テストの結果によって、結果の悪い生徒には追加指導を行う。指
  導モデルは以下の 4 種類。

　1）再学習：同じ課題をもう一度学習
　2）補充学習：個々の学習者が目標到達不十分な箇所のみ補充的
　　な学習を行う
　3）学習調整：教授・学習活動の展開のスピードを調整する
　4）学習分岐：グループ分けし、異なる学習課題を与える

　上記の 1）2）は、授業中だけでなく授業後の補習や宿題として出す

ことになります。授業中に行う場合、不必要な生徒はより上級の学習
課題を課します。

③ 個別化教授システム（Personalized System of Instruction "ＰＳＩ"）

ＰＳＩは、1960年代にF.S.Kellerによって提唱された完全習得学習
の一形態で、生まれは60年代ですが、コンピューターが発展し始めた
80－90年代に再興しました。生徒のドロップアウトを無くす方法と
して、以下の３つのユニークな特徴があります。

- 教師は講義を一切しない。学習者は独習教材（60年代は紙、90
  年代はコンピュータ）で学ぶ。
- 分からない部分については、教室内のProctorと呼ばれる学習補助
  員にいつでも質問ができる。
- １つの学習モジュールを終えた後、小テストを受ける。合格しなけ
  れば次のモジュールに進めない。

④ 学校学習モデル・完全習得学習・ＰＳＩの欠点

このように、生徒の成績差を無くす、落ちこぼれを無くすための研
究は、半世紀以上前からなされてきました。そして小テストの導入や
補習など、一部では授業現場でも取り入れられてきました。しかし本
格的に導入されてこなかったのはなぜなのでしょうか。

最大の要因は、いずれのモデルであれ、一人一人の生徒への対応が
必要であり、教師にとって負担が大きいものだからでしょう。日本を
例にとると、今でこそ少子化により、日本の１クラスあたりの生徒数
は減少傾向にあります。しかし１クラス40名前後が普通であった以
前では、これらの研究が提唱する方法は、個別の学校教員にとっては
ほぼ実施不可能ともいえます。

日本ではこれらを補ってきたのが、家庭教師や個別指導塾といった
存在です。彼らにより個別学習の効果は実感され、現代に至るまでこ

「考える力」　　●

の業態は成長してきました。しかしこれらは高価な選択肢であり、誰もが可能なものではありません。

　然しながら、2010年代以降、人の手によらず、テクノロジーによって個別化対応を解決する手法の開発が急速に進んできました。これが、本項の冒頭にあげた、Personalized Learning / Adaptive Learning です。半世紀以上も前から提唱されてきた、成績差を解決する理想の形が、ようやく人力ではなく低コストで提供できるようになってきたのです。

⑤ パーソナライズドラーニングとアダプティブラーニングの特徴

　Personalized Learning（個別化学習）とは、生徒一人一人にフィットした学習経路を提供する概念です。個別化学習においては、授業内容だけでなく、評価テストからフィードバックに至るまで、更に理想的には生徒の性格や強み弱みも把握されたうえで、システム上でテイラーメードで提供されます。そして個別化学習を提供する、オンラインテクノロジーを高度に活用した形態は、Adaptive Learning と呼ばれています。

　具体的には、システムが一人一人の生徒に対し以下の判定をします。

　　出口：学習提供者（教員や学校）が、学習のゴールや評価基準を
　　　　設定
　　入口：一人一人の生徒の前提知識・得意・不得意分野、関心、自
　　　　信などの現状がプレアセスメントにより把握され、プロフィー
　　　　ル化
　　学習経路：出口と入口の判定により、本人に最適な学習経路が提示

　学習開始後も、洗練されたシステムの場合は、学習中の正誤や躓き、更には回答時間の長短に基づき、経路は変化します。学習者がある事項を既に熟知しているとシステムが判断した場合、その事項はスキッ

大前研一通信・特別保存版 Part.13　　**89**

プされます。

開発会社

世界中で大手からスタートアップ迄、多くのプレイヤーが存在します。特に米国では大手の教材出版会社でこの分野に力を入れていないところは無いといっても良いほどです。

個人ごとに異なる前提知識や得意不得意に適応した学習内容を提示する Adaptive Learning は、レベル別・分野別の多量なマイクロラーニングコンテンツが必要となります。また、回答時間・正解不正解のデータが蓄積されないと精度が高まらないため、多くの学習者を擁するシステムほど、進化改善が進みやすい特徴があります。多くのコンテンツを有している大手出版社が開発元の中心となっているケースが多いのも、このためでしょう。

対象学習者は？

海外では過去 5 年ほど、小学校から企業研修に至るまで、多くの教育機関で試行錯誤が行われています。2020 年現在では、そのプラス面だけでなくマイナス面も認識され、更なる改善の議論がされています。日本の教育現場では、まだまだこれからというところです。

この学習手法はどのような分野に向くのか？

分野で言うと、学習分野を問わず、知識のインプット部分には効果があるでしょう。特に、学習順序が構造的に段階的であり、躓く部分があると次のステップの理解が難しい、算数などの理系分野や語学分野にはより効果があると思われ、実際この 2 分野で多くの教材が開発されています。また、初級者の学習キャッチアップにも高い効果が見込めます。

⑤ 教育現場でのメリット

教員側にとって

Personalized & Adaptive Learning は、大規模な学校においても一人一人に学習経路を提示できます。教員のリソースがしばしば不充分な小規模な学校では一層意味があるでしょう。テクノロジーの力を活用することで、教員は個々の生徒の学習状況をシステマティックに把握でき、どの生徒にどのような支援を提供するかの材料を得ることができます。また理解の進んだ生徒にはシステムを通じてより高度な課題を与えることができます。

この学習手法の導入により、先生は講義する時間は減り、学んでいる生徒の進捗をパソコンで確認したり、教室内を巡回して個別指導する時間が増えます。さらに、個別化学習部分（インプット）を自宅での宿題（予習・復習）とすることにより、授業時間をディスカッション・実験・グループ学習等のアウトプットや個別指導に充てることができます。

保護者とって

個別の生徒の得意・不得意分野が、感覚ではなく Fact として見える化されて学校からフィードバックされることにより、保護者も子どもの学習進捗をより的確に把握でき、家庭での支援もしやすくなります。また保護者と学校との間の生徒の方針に対する合意ができやすくなります。

生徒にとって

生徒は、ある不得意な科目がある場合、また学習中に躓き箇所がある場合、システムの判定によりゆっくり学ぶことができます。逆に得意な科目や分野がある場合は、早期に基礎分野をマスターし、上級部分にも進むことができます。教員の話が「やさしすぎる」「むずかしすぎる」事が減り、学習意欲の改善にも繋がるでしょう。また、

学習の結果が Fact として見えることで、生徒自身が、強み弱みを正確に理解し、中長期的には本人の進路やキャリアを考える指針となります。

⑥ 課題

一人一人に適した正しい学習経路が出るかは、データ蓄積により精緻化されていくものであり、歴史と使用生徒数が多いシステムのほうが、改善スピードが速い可能性があるでしょう。

また、教員にとってはシステムに慣れるまでには時間がかかること、学校のカリキュラムとシステムが提供するカリキュラムを合致させる工夫、PC やタブレット購入のコストなどは、導入初期においては課題となるでしょう。

個別化学習は、学習におけるインプットには大きく寄与しますが、ディスカッション、質疑、グループ学習等の協調学習を通じて得られる思考力、コミュニケーション力、コラボレーション力、創造性への効果は限定的であることを認識する必要があります。

⑦ 真のメリット

Personalized & Adaptive Learning からは、21 世紀に生きる人間に必要な創造力とコミュニケーション力は直接的には期待できません。その意味では、Personalized Learning のみの学習は、21 世紀の教育と言えません。

今、21 世紀を生きる子どもたちは、私たち大人が子どもであった時代以上に、限られた時間に多くのことを身につけることを求められています。Personalized Learning は、そんな彼らに基盤となる知識と技能を効率的に身につけ、教室ではより多くの時間を、クリエイティビティやコミュニケーション・コラボレーションに割くことを可能とするための、新しい手法と考えるべきでしょう。

例えば、Personalized Learning システムにより生徒全員が最低限の

知識と技能を効率的に短期間で完全習得し、全生徒が同じ前提知識を持ったうえで、授業ではプロジェクトベース学習、問題解決型学習に移行する授業モデルが考えられます。

Personalized Learning の考え方を進めていくと、画一的な時間割にも疑問が湧いてきます。全ての生徒が等しく 45 分間：算数、45 分間：国語、をやる必要はないでしょう。全員が参加する共通学習時間はありつつも算数が得意な生徒は算数は 30 分ですませ、算数の応用や得意なほかの分野を伸ばす、共通時間と個別時間の合わさった時間割の個別化を実現する教育実践も、今後の課題となると思います。

⑧ 補足 - ＳＴＥＭ／ＳＴＥＡＭとその本質 -

　本項冒頭において、日本の経済産業省が「学びのＳＴＥＡＭ化」を、「学びの自立化・個別最適化」とともに提言したと述べました。今後の大きなポイントとなるので少し補足します。

　教育におけるＳＴＥＭとは、"Science, Technology, Arts, Engineering and Mathematics" の頭文字を使った用語をさします。2011 年にバラク・オバマ大統領が演説した内容で、まず"A" が抜かれたＳＴＥＭ教育の重要性が強調されました。その後、「理系教育のＳＴＥＭだけでは現実社会の問題解決には不足である」という主張から、近年はＳＴＥＭにA（Arts）を加えた、ＳＴＥＡＭという言葉が広がっています。

　この用語の使用にあたっては、以下の 2 点を理解する必要があります。

1) この Arts は、狭義の芸術だけではなく、リベラルアーツ・音楽・デザイン思考・ランゲージアーツも含んで考えます。ＳＴＥＡＭは、単に芸術を学ぶということではなく、デザインやクリエイティブな視点を重視した概念なのです。

2) ＳＴＥＭ／ＳＴＥＡＭは「21 世紀の課題を解決する教育はどう

あるべきか」という問題意識から発生したものです。そのコンセプト自体に「現実課題に即したテーマや課題をベースに行う問題解決型学習・プロジェクト型学習」という教授設計が組み込まれています。ＳＴＥＭ／ＳＴＥＡＭを意識し、主張する学校は、それぞれの頭文字が代表する個々の科目において、単に授業時間を増やしたり、プログラミングをやってみたりする事以上に、現実に関連したテーマを頭と手足を使って解決していく問題解決学習を行うことを意識する必要があります。また同様の理由から、科目横断型のカリキュラムを一部導入するといったことも必要でしょう。

　真のＳＴＥＡＭを実践するためには、基盤となる基礎部分を効率的に身につけさせる必要があるので、Personalized Learning が自然に必要となってきます。

　日本の文部科学省や経済産業省も、このような取組に目を向ける中、私達インターナショナルスクールは、海外を中心に進められるＳＴＥＡＭの実践や海外発の教育テクノロジーを上手く活用する実践が進みやすいということで、一歩先の実践ができるといえます。

　また、国際カリキュラム開発機関も同様です。例えば国際バカロレアと並ぶ世界標準のカリキュラム開発機関であるケンブリッジ大学国際教育機構のカリキュラムでは、Global Perspectives という革新的なプログラムが５歳から高校生まで向けに用意されています。これは、現実世界の状況をテーマとした研究を、グループワークやプロジェクトワークを通じて中長期的に行わせるものです。このような科目横断型のプログラムは、21 世紀の子どもたちに必要なものの一つといえるでしょう。

　次項においては、ナショナルカリキュラムと比べ新規性の高い国際カリキュラムを実践する教育機関であるものの、多くの人にとってな

じみの薄いインターナショナルスクールの世界について、紹介します。

◎インターナショナルスクール

(1) 過去・現在・未来

インターナショナルスクール調査会社のＩＳＣ Research 社によれば、2000 年のインターナショナルスクールの数は世界中に 2,584 校で、生徒数は 100 万人弱でした。

約 20 年後の現在、学校数は 11,000 校、生徒数は 560 万人以上に急増しています。更に、以前は外国人駐在員や大使館勤務者の子女が主たる生徒でしたが、現在では世界的に約 80％のインターナショナルスクール生徒は、地元の子供たちであるというデータがあります。

そして、10 年後の 2030 年には、全世界で 1,000 万人の生徒がインターナショナルスクールで学ぶと予想されています。21 世紀の 30 年間で、生徒数が 10 倍になるということです。

この急成長トレンドの中心は、アジアです。中国を中心とする東アジアでは、2015 年から 2019 年の 4 年間で、生徒数は 45 万人から 60 万人に増加しました（年平均成長率 7.4％）。特に中国は 2019 年現在で、学校数 884、36 万人の生徒数、うち 66％（推定 24 万人）が中国人でした。なお東南アジアも、39 万人から 49 万人と、年 5.7％の成長を示してます。

私たちは一昨年、昨年と中国（深セン）・マレーシア・シンガポールの国際教育の状況を実地調査しました。これらの国々がすでに急成長を遂げ、日本に追いつき凌駕する存在になりつつある中で良く見えたのは、親の猛烈な教育熱心さです。

経済が急成長し、収入も急増するに伴い、アジア諸国の新興富裕層の関心は子どもの教育に向かいます。その短期的なゴールは、トップ

大前研一通信・特別保存版 Part.13　　95

大学への入学です。日本と異なるのは、彼らが目指す大学は、母国の大学だけでなく、世界のトップ50大学を最初から考えていることです。世界のトップ大学の殆どは英語環境ですので、必然的に国際的視野と英語力の獲得は優先事項となります。

　以上のロジックから、多くの家族が幼児から高校までのインターナショナルスクールを、子どものグローバルなキャリアの成功のための「パスポート」と考えているようです。

　外国人ではない、地元の人たちによるインターナショナルスクールのニーズ拡大に伴い、年間学費が150万円程度に抑えた（一般的なインターナショナルスクールの2/3程度）、mid-pricedレンジのインターナショナルスクールも急増しています。特にマレーシアでは、新設されるインターナショナルスクールの多くはこのレンジです。

　日本では、他のアジア諸国ほどにはインターナショナルスクールの需要が増えているようには見えません（プリスクールを除く）。しかし日本は以下のデータから、国際比較において徐々に縮小し、日本に住む子どもたちにとって、将来、国内市場から海外市場へチャンスを見出そうとする必然性は益々高まると思います。

- 1人当たり名目国内総生産（ＧＤＰ）は2000年の2位から下がり続けている
- 人口は減少、2060年の人口は凡そ86百万人程度と推計
- 現状4人に1人の高齢者（65歳以上）の割合が、2033年に3人に1人、2060年には約2.5人に1人

　自らの人生の舵をとる幸福感を得るためには「金銭的に稼げる仕事につく」か、「金銭的満足はそこそこでも好きなことを仕事にする」という選択肢が考えられます。いずれであれ、徐々に縮小する日本において、その機会は今よりも少なくなる可能性が高いならば、知性に裏打ちされた国際的視野と英語は、創造力・構想力・コミュニケーショ

ン力といったソフトスキルとともに、これから80年程度を生きる多くの子どもたちにとって力強い武器となるでしょう。

そして、イギリスの高等教育専門誌「THE（Times Higher Education）」の「THE世界大学ランキング」でみられる日本の大学の地位低迷（2019年度は東大36位、京大65位）、英米大学の上位独占傾向も、今後、アジア諸国のグローバル大学志向のトレンドに遅れながらも、日本の大学ではなく海外の大学を考える子ども（そして親）が増加するのではないかと想定します。そしてその時に殆どの子どもと親が直面する課題は、アカデミックレベルでの英語力不足です。この課題は、私たちのグループが中長期的に解決し、日本の底上げに貢献したいと考えています。

⑵ バイリンガル・マルチカルチュラル人材育成と留意ポイント

インターナショナルスクールに入学する場合、英語力の問題はほぼなくなります。インターナショナルスクールは学校であり英語教室ではないものの、所謂「バイリンガル」という武器も付随的についてきます。ただし、この聞こえの良いバイリンガルというものも、使用法を良く知る必要があります。

バイリンガルになることのメリットとデメリットは、様々な研究によりある程度整理されています。

① メリット

バイリンガリズムの研究者として著名なColin Bakerによれば、1960年代頃までは、知的発達の遅さや情緒の不安定さをバイリンガル教育の弊害とする説もありました。しかし英仏イマ―ジョン教育を古くから実施してきたカナダにおいて、バイリンガルの子どものほうがモノリンガルよりも知的に優れていたとの研究を皮切りに、バイリンガルのほうが知能が発達したという研究が増えています。今までのと

ころでは、バイリンガルはモノリンガルよりもある程度認知的に有利であるという方向が出ています。

具体的には、バイリンガルはモノリンガルと比べ、以下の4点に優れると言われます。

1）異言語や異文化に対し、オープンマインドである。
2）他人の気持ちを察する力に優れる
3）思考の柔軟性、創造力に優れる
4）知的発達にプラスの影響がある

またバイリンガリズム研究において、第一言語で学んだ内容は脳の深層で共有化され、第二言語でも応用したりアウトプットできるという、Jim Cummins の氷山説（Dual Iceberg Model）という著名なモデルがあります。二言語から得られる学びの情報は知的な向上と多面的な思考力を生み、創造力に繋がることも、後述する、社会に出てから起業する人が多いことの要因となっている可能性があります。

② デメリットと、その防止法

1つ目のデメリットは、「セミリンガル・ダブルリミテッドになる可能性がある」というものです。これは、母語でのコミュニケーション機会が足りない場合に生じえます。

まず、幼児期に100％英語のインターナショナルスクールに通い、かつ、家庭では母語でのコミュニケーションが少ない場合、英語は徐々に伸びていきますが、母語の発達は同年齢の子どもと比べ遅行します。この場合、例えば小学校入学前の時点で、英語・母国語とも同年代のそれぞれの母国語話者と比較して遅れるという状況が生じることがありえます。よって、家庭において母国語でのコミュニケーションを意識して十分に行うことが大事なポイントとなります。

小学生レベルではやや戦略的に気を付ける必要があります。日本人

にとっての日本語を例にとります。アオバグループの学校では、週4
－5回の日本語（国語）の時間を確保し、日本の小学校の学習指導要
領に合わせたスピードで授業が進みます。しかし、特に低学年におい
てはどうしても日本の学校に比べて授業時間は少ないため、宿題によっ
て補います。

　現時点でセミリンガルであるとみられる場合、幼児・小学校低学年
時点では、一時的なものとして特段大きな問題はないでしょう。言語
修得の臨界期仮説（幼少期のある一定期間を超えると、ネイティブス
ピーカー並に外国語を習得することが非常に困難になるという仮説）
である10－12歳時期までは、言語の発達は家庭と学校の適切なサポー
トにより早期に回復するからです（逆に言うと、インターで幼稚園・
小学生時代をすごした後、母国語環境中心の小学校・中学校に戻った
場合、母国語力は早期に追いつきますが英語の忘却も早い傾向があり
ます）。

　一方で大人になっても中途半端な状況が生じた場合は、言語は思考
力を形作る根幹ですので、思考力の低下を招くおそれもあります。ま
た、2つ目のデメリットである、アイデンティティクライシスの誘発
が生じえます。

　家庭で限られた時間でどのように母国語サポートするかですが、小
学生以上のインターナショナルスクール生の場合、母国語以外にも宿
題は出ますので、質的な取捨選択も必要になるでしょう。またとりわ
け幼児から小学校低学年においては、「好奇心」が学びの着火剤になり
ます。例えばですが、大人になってから手書きをすることが殆ど無い
現代と未来においては、漢字を正確に書かせる訓練も大事ですが、最
初は読み聞かせをし、自分で読めるようになったら好きな分野の本を
通じて語彙力を増やす支援などが有効かと思います。

　言語の発達には、質も大事ですが、量は必ず必要になるということ
も、（身もふたもない話ですが）様々な研究によって明らかになってい
ます。言語力は思考力の根幹をなす重要な能力であり、幼児・小学校

期において知的発達上もっとも重要な分野と考えます。家庭において母国語の支援が必要になることを多少でも意識して頂ければ、両言語に優れたバイリンガルな人、グローバルに活躍できる人に育てることは充分可能であり、多くのインターナショナルスクール卒業生がそのようになっています。

アイデンティティクライシスも、しばしば生じる課題ですが、これは母国語のみで構成される集団に入る機会を、意識的に小学生時代などに設けることで、防止できます。例えば日本人においては、地域のお稽古クラブに参加することで自然に敬語を使うことを覚えたり、日本的な価値観を身につける機会を与えるなど。こうして、自然な形で日本人であること、母国語を正しく使用すること、母国の良い点悪い点を客観的に見ること、これらの習得を支援して頂ければと思います。

学校としては、教員一同がバイリンガルのメリット・デメリットを意識し、日々の指導に当たることが非常に大事と考えています。

③ インターナショナルスクール生の将来

インターナショナルスクール生が、日本の高校生と比べ、卒業時に強みとして身につけているポイントは以下の3点です。

- 多国籍の教職員と生徒で構成されるインターナショナルスクールで培った国際的視野
- 記憶中心ではない教育から育まれる思考力・創造力・プレゼン・議論力
- 多言語コミュニケーション力

彼らがどのようなキャリアに進むかですが、一言で言うと、「上記3点を存分に生かした進路に進む人が多い」といえます。

日本人を例にとりますと、一般的には日系企業よりも外資系企業への就職が多いです。また起業も日本の大学卒業生よりも多く見受けら

れます。起業の場合は、海外とのネットワークを生かして日本で仕事を興すケースなどが見られます。

業種では、国際性や英語力が強みとなりやすいＩＴ系（グローバル企業を中心に）、製造業など。職種ではコミュニケーションを多く必要とする職種が多いように思います。またクリエイティブな職に就く方も多いです。英語力に優れ国際的視野を有した日本人は、給与水準と英語力の正の相関を示す各種調査結果をみても、今後も益々、経済的にも成功する可能性が広がると考えます。

既述の（2）で、アジアを中心にインターナショナルスクールで学ぶ生徒が世界中で激増していること、今後 10 年間で更に倍増し全世界で1,000 万人になることが予想されていることを紹介しました。これはつまり、今の子どもたちが大人になった時には、世界で少なくともそれだけの数の、他国のグローバル人材と対峙しなければならないことを意味します。

そのような海外のグローバル人材と対等以上に渡り合え、飲み込まれることなくパートナーシップを組み、自己実現と幸福を実現する人材を一人で多く生み出すことを意図し、ＢＢＴ／アオバグループは、2019 年に東京都三鷹市に所在する、平均年間学費が一般的なインターナショナルスクールの 2/3 程度（年間 120-170 万円程度）の Little Angels International School（https://littleangels.jp/）の運営に参画しました。

Little Angels は、mid-priced レンジの授業料という魅力的な特徴以外に、世界最大の国際カリキュラム・評価開発機関である、ケンブリッジ大学国際教育機構（以下 "ケンブリッジインターナショナル"）の認定を得ています。

2. 起業家養成、オンラインプログラ ミング講座（p.school）

[p.school 校長 伊藤泰史]

◎社会の進歩と p.school の役割（第 1 回）

　社会の進歩とともに今後ますます個人の力が求められてきます。いかにして構想力をつけ、それをいかにプログラミングで見える化していくのか？　また、組織構造の変化に対応していくのか？　進歩する社会とともに歩んでいく p.school の役割を 2 回に渡って考えていきたいと思います。

⑴人的リソースの重要性

　20 世紀の時代、事業を立ち上げるのに必要な三大リソースは人・物・といわれていました。20 世紀はバブルの崩壊とともに終わり、21 世紀に入ってからは右肩下がりの経済環境のまま 30 年を過ぎようとしています。この間経済は停滞したままです。そのような中、物価を上昇させ、経済を成長させるために量的・質的金融緩和が必要であるとし、いわゆる異次元の金融緩和を実施してきましたが、気づくとゼロ金利政策となり景気の浮上こそしないものの、リソースとしてのお金の問題は金利 8 ％強の時代と比較すると相対的に解消されてきた感があります。物についても I C T 技術の発展とともにアプリケーションなどのサービスは大規模な設備投資もいらなくなってきました。このように三大リソースのうち物と金の比重が低くなってきたところに、

1995年のインターネット革命を皮切りに、情報通信技術（ＩＣＴ）の発展は目まぐるしく、日進月歩で成長してきた結果、サービスや商品を生み出す発想や構想力が今まで以上に重宝されるようになってきました。世の中に新しい価値観を生み出す構想力を持った人こそが最大のリソースになります。つまり、21世紀の三大リソースは人・人・人なのです。一言で人的リソースといってもその意味するところが社会の変革とともに、生産手段としての"労働力"、大きな組織を動かす"管理力"、新しい価値観を生み出す"構想力"と変わってきています。そして一人の構想力が世の中を変えていく時代なのです。

(2)ネットの普及

インターネットの普及は、世界中の20億人以上の人々の行動様式を変えるインパクトがありました。同じ動画に共感し、一言の発言に"いいね！"をクリックし、購買行動も同じになってきました。20世紀の時代では考えられなかったことではありますが、政治的にもアラブの春などで世界市民が協力して独裁者を無血革命で倒しました。1990年に大前研一がボーダレスエコノミーを提唱してから経済に国境はないといわれて久しいですが、世界市民が初めて国境から解放された実感を得た瞬間でした。この時代の流れとその後の未来を洞察し、世界の人々の生活様式を構想できたものが、世界の価値観を変えるサービスを実現してきました。主に米国のＩＴ企業、特にＧＡＦＡといわれているグーグル（Google, Alphabet）、アップル（Apple）、フェイスブック（Facebook）、アマゾン（Amazon）が代表例です。インターネットのインフラ上は世界に繋がっていましたが、今日のＧＡＦＡのように生活の一部となるようなサービスが生まれて初めて急速に世界中に普及しだしました。

第1回では、社会の進歩のうち人的リソースの重要性とネットの普

及についてお話ししました。p.schoolは、プログラミングだけではなく、こういった社会の進歩に対応するための教養（リベラルアーツ）や、新しい価値観を生み出す構想力について重要としています。次回は、更に組織のフラット化について触れ、p.schoolの役割についてまとめをお伝えしたいと思います。

◎社会の進歩とp.schoolの役割（第2回）

前項では社会の進歩のうち、(1)人的リソースの重要性と、(2)ネットの普及についてお話しました。本項ではＩＣＴの目まぐるしい発展により、世界がフラット化し、組織もフラット化していく社会変化の中でどのような役割があるか考えてみたいと思います。

(3)組織のフラット化

世界中がネットで繋がり、言語、人種、宗教などの文化を越え、世界単一市場となり、フラットな世界に急速に変わっていきました。会社組織も専門領域の経営管理スキルを持った中間管理職が多数存在するピラミッド組織から中間管理層がなく、CEO以下みな平等につながるフラットな組織へと変わってきています。このことは2016年にシャープが台湾の鴻海精密工業に買収され、戴 正呉がシャープの社長に就任したときに具現化されました。戴社長から全社員にメールが発信されたことは記憶に新しいかと思いますが、シャープの中間管理職の役割がなくなった瞬間であり、組織がフラット化する第一歩を踏み出した歴史的な日でもありました。端的に言うとピラミッド組織は、高品質の製品をコストを掛けずに効率的に大量に生産し、市場のシェアを獲得するために如何に経営管理していくかという20世紀のリアル経済の時代の遺物です。21世紀に入ると前世紀に経済を牽引してきた

日米欧の国々が成熟し、低欲望社会に突入してきています。このような成熟した低欲望社会の人々の個性は多様化し、それに合わせ、製品は少品種少量生産となり、高品質大量生産の経営管理スキルは必要性が低くなってきています。このような時代の流れの中では、少数でもいいので特定のセグメントに対し受け入れられるユニークなアイデアを創造することに価値が生まれます。個人のこの創造力を引き出す組織はピラミッド型の組織ではなく、多様性があり誰とでも議論できるフラット型の組織です。

また、フラットなつながりというとソーシャルネットワークサービス（ＳＮＳ）があります。ＳＮＳに関しては急速な普及に個と個のネットワーキングが重要になっていきます。個と個のネットワーキングは上下関係がなく、フラットな関係です。これを企業の組織に当てはめると、部門間の垣根を超え、個人同士のネットワークを起点としたフラットな組織となります。特に、フラットな組織では個人の力が試されます。自分の構想を示し、ビジネスデザインのコンセプトを話し、アウトプットし相手に伝わるように見える化します。ピラミッド組織なら上意下達で組織が動きますが、フラットな組織ではこれだけできてもまだ動きません。個人のネットワークを屈指し、人を集める。やる気を起こさせる。ミッションを共有する。などプログラミングで見える化することによって多くの人を巻き込みやすくなります。

このように組織がフラットになると個人一人一人が創造力を発揮し、アイデアを出していくことが重要となってきます。そしてそのアイデアを実現するためにはプログラミングでアイデアを形にして第三者に理解してもらうことが早道です。理解者が増えたら人を動かすためにリーダーシップ力も必要になってきます。このようなフラット化した組織の中で頭角を現していくために p.school では構想力を鍛えたり、自分に合ったリーダーシップのタイプを考えさせたりするカリキュラム構成としています。

以上のように、第1回からお伝えした、人的リソースの重要性、ネットの普及、組織のフラット化においても将来、社会が進む方向に対応でき、活躍するための学びを提供していきたいと思います。更に、今後すべての業界で起こりうるデジタルディスラプションに対して、リカレント教育を含め教育業界では大きなチャンスが待っています。ＡＩの進歩により、2045年にはＡＩが人間の頭脳を越すといわれる「シンギュラリティの時代」が到来します。2045年に備えた行動力と生き抜く学びに結び付けていきたいと考えています。

◎ "たかがプログラミング、されどプログラミング"

　親は自分の子供にどのような人生を送っていって欲しいと思っているのか？ そのためにどのような教育をしたらいいのか？ お子様がいらっしゃる方は誰しも1度は考えることではないでしょうか。古き良き伝統を守るべく教育をしていくのがいいのか？ 小さい時から時代の進歩を先取りした教育をしていくのがいいのか？ あるいは幼少期から起業を意識した教育をした方がいいのか？ と悩みと期待が入り乱れ、不安を抱えていらっしゃる方も多いことと思います。親の多くは子供の好きなようにといいますが、家庭の教育環境が与える影響は大きいため、私たち大人は大きな責任があります。

　さて、そのような責任を認識した上で、p.school では親のコミットを得て、多くの親子が一緒にプログラミングを学んできました。プログラミング以外にも ICT の基礎、リベラルアーツ、リーダーシップ、ビジネスデザインなどを立体的に学ぶようになっています。この狙いの1つは親子のコミュニケーションの活性化にあります。例えば、リーダーシップの講義であれば、大人のリーダーシップと小中学生のリーダーシップがあり、その違いについて親子で議論してみる。リベラルアーツでは古代ローマ文明を築き上げてきた偉人たちの発明や数学的

な能力についてどうやって考えついたのだろうかといったことを議論する。このように日常でてこないようなテーマを与え親子で議論する切っ掛けを作り、親子であっても違った見方や多様性があるということに気づきを与えてきました。

　また、兄弟や友人と意見が一致し、いいねと言われたときの喜び、なかなかうまくいかないときの自分への苛立ち、親や友人に支持されなかった時の哀しみ、そして新しいことを学ぶ楽しさなど喜怒哀楽の感情とともに学んでいきます。感情をコントロールし、難しい課題でも試行錯誤を繰り返しながら解決できるようになれば、心が折れない強い精神力を身につけていくことにもなります。このような経験を積み重ねながら人間形成をしていけるところも p.school のプログラミング教育の特徴的なところです。

　一方、大人のビジネスパーソンからみるとプログラミングに対して喜怒哀楽などは関係なく、付加価値があるかないかが重要です。付加価値の低いプログラミングは、中国、ベトナム、インドネシアなど人件費の安いところで開発すればよく、収益構造が改善するかどうかが重要であり、プログラミングに対する思い入れはないといっても過言ではありません。

　しかしながら、教育的視点から、ICT の目まぐるしい進歩の中、将来のあらゆる業界に ICT が導入されていくことを勘案すると、プログラミング能力を身につけることは必要だと思います。自らプログラミングを理解している方が、全産業での ICT 化の流れをキャッチアップしていくことができるからです。これが、今まで何度もこれからは母国語、英語、プログラミング言語のトリリンガルでなければいけないといってきた由縁です。

　更にもっと大きな人生の視点でみると、プログラミングは自分の人生に結びつけていくことができるのです。プログラミングは自分の思いを実現するためのツールでもあります。

　プログラミングを学ぶことから、自分の思いを具現化し、プログラ

ミングコードに落とし込み、実践の場で奏でる。このようなことを一人寂しくやるのではなく、友達とやってみるのもいいでしょう。趣味や遊びが高じてビジネスの世界に絡んでくるかもしれません。あるいは、学校や塾で組織的に始め、ビジネスとして展開していくこともできます。小学生の時からプログラミングを学ぶようになり、プログラミング自身がどんどん身近なものになっていくことは時代の流れ上避けては通れないと思います。つまり、これからの時代は自らのアイデアをプログラミングすることによって表現するチャンスが平等にあるということになります。今流行っているYouTuberのように第三者から認められれば、お金を稼ぐことも可能になります。このように誰もがプログラミングでモノを作る機会が増えてくるとビジネスにつながる機会も格段に増えてきます。このようなチャンスを逃さないためにも、プログラミングを立体的に学ぶことが重要になってくるのです。

　親子でもいいのでプログラミングを単純に学んでみようという動機からはじめ、自分のやりたいことに気づき、構想を膨らませ、行動を起こし、アイデアを形にする。この一連の流れをより具現化していきたいと思います。そのためには、プログラミングを学ぶだけではなく、起業家を養成し、新しいビジネスを興すといった枠組みまで学びの範囲を広げていきたいと考えています。

　プログラミングを学ぶといったところから、自分のアイデアを実現し起業まで、とプログラミング教育の範囲を広げより実用的な教育を実現していきたいと思います。"たかがプログラミング、されどプログラミング"。これからもp.schoolは、プログラミング教育の奥深さを探究していきます。

「考える力」

◎人とアプリを繋ぐプログラミング言語

　言語の中で最も歴史が浅い言語はなんでしょう？それはプログラミング言語です。言語といっても人間同士のコミュニケーションができるものではなく、人がコンピューターに命令するための言語です。このような言語をプログラミング言語といいます。プログラミング言語は広義に見た場合は 1800 年ごろから存在していました。1940 年頃からは電子式コンピューターが作られ始め、機械語やアセンブリ言語といったコンピューターが理解しやすい言語が開発されてきました。その後、1950 年代後半ばごろから人間にも理解しやすい高水準言語である Fortran, COBOL, Lisp といった言語が開発され、今日につながっています。高水準言語のプログラミング言語は 1950 年代ごろからと歴史は浅いですが、情報通信技術の発展に欠かせない重要な役割を担ってきました。そして社会に与えるインパクトは非常に大きなものがありました。例えば、20 世紀の末頃からデジタル通信技術が進歩してきましたが、この進歩の速さは高水準言語のプログラミング言語があってこそ実現できたといっても過言ではないでしょう。人が理解しやすいのでプログラミング言語を学び、修得する人が増え、プログラミングのできる技術者の裾野が広がりました。技術者の裾野が広がることによって開発ボリュームと開発スピードは急速に伸び、情報通信技術が飛躍的に発展してきました。それに伴い社会システムのインフラもコンピューターシステムを導入し次々と整備されていきました。どのシステムも業務用のアプリケーションがあり、これらはすべてプログラミング言語を用いて開発されています。どういうものがあるかというと皆さんがご存じの銀行でお金を預けたり、引き出したりする勘定系のシステム、新幹線や飛行機など交通機関の予約システム、電話料金の課金システムなど我々の生活に切っても切り離せないものになっています。

　また、ソフトウエアの領域だけではなく、ハードウエアの領域もそ

の恩恵にあずかり、急速に進歩してきました。ハードウエア領域においては 2000 年頃と比べるとコンピューターのＣＰＵの処理速度は 20 倍以上になっています。また、携帯電話の通信速度は５Ｇのサービスが開始されると 15 万倍以上と速度が飛躍的に速くなってきています。そして５Ｇの事業化が進む中、既に６Ｇの研究開発が行われているように技術は日進月歩で進んでいきます。全てがこれらの高速化の恩恵にあずかっているわけではありませんが、数多くのサービスがストレスなく利用できるようになってきました。例えば、空いているリソースとその時にニーズのある人とをマッチングするサービス、いわゆるアイドルエコノミーを応用したサービスがが雨後の筍のように生まれてきました。タクシー業界では配車アプリの「Uber」。駐車場業界では空いてる駐車場を貸す「スマートパーキング」。ホテル業界では、個人の所有する空き部屋を仲介するホテル予約サイトの「Airbnb」。荷物一時預かり業界では、エキナカの店などでコインロッカー代わりに荷物を預かる「エクボクローク」。リフォーム業界では、リフォームしたい人と専門家をつなぐ「Houzz」。印刷業界では印刷会社の空いている機械を活用して印刷する「ラクスル」。仕事の委託、受託を結ぶ「クラウドワークス」。など枚挙にいとまがありません。これらのサービスの構想はもっと前からありました。サービスを実現するためのシステム設計をし、プログラミング言語を使ってアプリケーションを開発することはできました。しかしながら、空いているリソースとその時にニーズのある人とのマッチング処理にＣＰＵなどのハードウェアの処理が追い付かず、一般ユーザーが利用するには応答に時間がかかり過ぎ、必要な時を逃してしまうなどストレスフルで使いものにならなかったでしょう。アイドルエコノミーを応用した構想がサービス可能となった瞬間に起業家たちが行動を起こしました。AirBnB などのように一瞬にしてホテル業界の勢力図を書き換えてしまうほどのインパクトがあったことは記憶に新しいところだと思います。これは起業家の構想、体験から生まれたビジネスモデルだけではなく、プログラミングの素

養があったからこそハードウェアの処理速度を勘案の上、ビジネスモデルを目に見える形で表現することができたのだと考えるところです。このように世の中の価値観を変えるようなイノベーティブな構想は、アイデアだけではなく、社会変革の変化、技術革新の潮目を見極めることが大事です。そして潮目が変わるその瞬間に誰よりも早く、見えない大陸を占拠することが成功の鍵です。この潮目、つまり、ハードウエアの処理速度とソフトウエアとのバランスを見極めるにあたってプログラミングに関する知見があったほうが有利に働くと思います。

　ここまで、ソフトウェアの進歩が情報通信技術開発力を高めてきたこと、その環境変化の潮目をついて新しいサービスを生み出すにはプログラミング的素養があったほうがいいという話をしてきました。世の中の大きな流れの中のユニコーン的な企業の例は分かりましたが身近な世界での身の丈に合った起業ではどうなのでしょうか？

　一般的に起業とは道なき道を切り拓いて進む、楽しくも孤独な旅です。自分で考え抜いたミッションを信じ、構想を実現するためならどんなことでも厭わず行動を起こします。その都度問題を解決しながら一歩一歩進んでいきます。しかし、ユニコーンではなく小さな企業が今まで世の中になかった新しいサービスを提供する場合は知名度もないこともあり、なかなか理解してもらえないものです。そんな時に絵を描いて視覚に訴えることによって初めて構想を理解してもらえることがあります。今日のようにＩＣＴが進化した時代では絵の代わりにＣＧ（コンピューターグラフィックス）で表現したり、実際にアプリを作りデモすることによって、構想を理解してもらいます。ある時は、逆に構想と現実の顧客の思いとのギャップに気がつくこともあります。今までに数多くのスタートアップの企業を見てきましたが、起業した時にデモなどを見せることができるかできないかでその後の成長のスピードに大きな差がでてくるのを目の当たりにしてきました。構想段階で止まってしまうものもあれば、清水の舞台から飛び降りる覚悟でシステム開発を外注したがそれで資金繰りが回らなくなり、立

大前研一通信・特別保存版 Part.13　　111

ち往生する企業も少なくはありませんでした。一方、自分あるいは、立ち上げメンバーの中にプログラミングができる仲間がいる場合、自分たちでデモのアプリを作り、顧客候補に見せ、構想を理解いただければ、顧客になってもらい易くなっています。そして、デモと雖もそれなりに動き、構想が形になっていること、アーリーアダプターであろうと実際に顧客がついていることなどが評価され、ＶＣなどから資金を調達しているスタートアップの企業も出てきています。このようにプログラミング言語を使いこなせると無名の普通のスタートアップの企業でも顧客もできるし、資金も調達し易くなります。このように、起業には構想を生む力や会社のミッションは大事ですが、スタートアップの時にスマートに、スムーズに、そして、スピーディに立ち上がっていくためには構想を見える形にして将来の顧客にサービスの内容を理解していただけることが大切です。つまり、これからスタートアップする企業においてもプログラミングは必要になります。これから起業を目指す方はプログラミングを自ら学ぶことをお勧めします。

　プログラミング言語の歴史は実質的に約70年間くらいと短いのですが、非常に重要な役割を果たしてきました。科学技術の発展、社会システムのインフラの整備、個別企業の独自アプリケーション、一人一台持っている携帯のアプリなどなどあらゆるキーポイントにプログラミング言語が存在しています。今後は更に発展し、一人ひとりが自分オリジナルのアプリを作ることができるようになり、自分の携帯にアップする日が来るかもしれません。

　世界が平和で自然環境が維持され、科学技術の進歩に阻害要因がなければ、人類一人ひとりがコミュニケーションをとる言語と同様にプログラミング言語を使う日が来るかもしれません。

　そのような時代になれば、ＡＩがプログラミングをしてくれるのかもしれませんが、プログラミングをしてみるとアプリがどのような原理原則で動いているのかを知ることができます。その後、アプリを見るたびに、その動きを頭の中でシミュレーションしたりして自分の視

野を広げ、新しい技術が出た時に新しいアイデアのヒントを得るきっかけにもなるかもしれません。人とアプリを繋ぐプログラミング言語を学んでみませんか？

◎副業のすすめ

　今、なぜ副業なのか？
　副業というと一昔前の内職やちょっとしたアルバイトを思い浮かべる人が多いのではないでしょうか？
　最近の副業はちょっと違うようです。単にちょっと稼いで生活の足しにしようというものから変わってきています。なぜ副業の持つ意味合いが変わったのか？　そして、なぜ副業をすすめるのか、その時代的な背景も含め、複合的な要因を考えていきたいと思います。
　まず、皆さんもご存じの年金2000万円問題と人生100年時代。年金の支給開始年齢が75歳と遠のきそうな話に加えて、年金の支給額が今までの生活水準を満足させるだけの額になるかどうかの保証もない。そのような不安を抱えたところに100歳まで生きていかなければならない。否定はしてはいるが、政府の重鎮が2000万円足りないというのは根拠なく独り歩きして出てきた数字ではないと誰もが勘ぐらざるおえないところです。政府の発表を信じて後になって生きていくためのお金が足りなくなったら取り返しがつきません。大変なことになってしまいます。そこで皆、稼いでも将来に備えて貯蓄をしたり、支出を押さえ、お金を使わない低欲望社会を加速し出しているのが現在の時代背景です。
　このような時代背景の中、働き方改革が推進され、多くのビジネスパーソンは自分の時間を持てるようになりました。そこに、生涯にわたって教育と就労を交互に行うことを勧めるリカレント教育を文部科学が推進しています。科学技術の進歩の速い時代には新しい時代の技

大前研一通信・特別保存版Part.13　113

術や仕事のやり方を学び直すリカレント教育が自らのスキルが時代の流れの中に埋没しないためにも重要なことです。特に、ＡＩ技術の進歩がもたらすシンギュラリティが刻一刻と迫ってきます。ルーティン業務など創造性のない仕事はどんどんＡＩにとってかわられていくでしょう。それゆえ、自ら学んで時代の流れの一歩先をいくことが重要となってきます。そして学んだことを自分の本当の力としていくには、自ら実務を経験するしかないと思います。今の仕事と違う場合は、その実践の場が副業といういうことになります。副業が解禁された企業に勤めていなければいけませんが、最近では、みずほフィナンシャルグループ、ＳＭＢＣ日興証券、三菱地所、アサヒビール、福井県など金融機関、財閥系企業、自治体なども副業解禁してきています。どんどんチャンスは増えていくことと思います。

　このように老後の年金問題から発する心理的な不安と情報通信技術の進歩によるＤＸ（デジタル・トランスフォーメーション）やＡＩ技術の進歩がもたらすシンギュラリティの世界と人生100年時代の仕事での付加価値の出し方や人生設計が変わろうとしています。
　このことをあらゆる世代で副業を経験することで検討する価値があります。
　例えば、以下のようなケースで考えてみてください。

⑴ 入社5年以内の20代のビジネスパーソン
　自分に合ったキャリアを見つける。
　自分に合った仕事かどうかわからない。学生時代はインターンができたが、社会人と　　なったらそれはできないので副業で自分の適性を調べてみるのもいい。
　その時の副業の選び方は、業種の軸と職種の軸の2軸で自分に合った仕事を探してみる。安易に転職するより自分の適性に合った仕事、会社を見つけることができる可能性が高くなる。

⑵ 社会人 10 年前後の 30 代のビジネスパーソン

キャリアアップを狙う。

仕事に脂が乗り専門性も深くなってきている。自分の力を同業種・同職種、あるいは異業種で探し自分の実可能性を変える力を試してみる。

⑶ ベテランの領域に達している 40 代のビジネスパーソン

キャリアチェンジを狙う。

現状の仕事はやりつくしたので自分の芸域を増やすために別の職種に挑戦する。

⑷ 定年後の第 2 の人生を考え出す 50 代のビジネスパーソン

組織からの独立のため。

社会人生の中で培ってきたスキルを棚卸し、どのスキルで組織から独立してやっていけるかを副業しながら見つけていく。

⑸ 子育てが一段落した女性

仕事への復帰にあたって自分に合った業界、業種を見つけるため。

久しぶりの社会人復帰にあたり、過去のスキルがまだ通用するかどうか。

全く新しいことに挑戦する。

このように副業は、社会人になってから学生時代のインターンのように多様な挑戦ができ、進歩が著しく速い技術の荒波を乗り越えていく力と勇気を与えてくれると思います。それゆえ、副業をおすすめします。

3. 実践ビジネス英語講座（PEGL）
——ビジネス即戦力トレーニング
コースA/Bの紹介

　「ビジネス即戦力トレーニングコースA/B」は、大前研一が監修する「実践ビジネス英語講座〜Practical English for Global Leaders〜（ＰＥＧＬ［ペグル］）」の短期集中型のコースとして新設した。英語による会議が当たり前になる時代、多くのビジネスパーソンの「会議で発言ができない」「外国人とのコミュニケーション力が足りない」という悩みに対するソリューションのためのコースとなる。（ＴＯＥＩＣ目安:550〜730点）

◎特長

■こんな課題をお持ちの方におすすめ
・6ヵ月間で集中的に学び、相手に伝わる表現/協働スキルを現場に持ち帰りたい方
・多様性のあるビジネス環境でコミュニケーションの機会が増えている方
・英語の基礎力を活かしながら、ビジネス特有のニュアンス力を強化したい方
・講師や他の受講生とのディスカッションで、新たな気づきや学びを得たい方

■積極性に欠ける〝英語を話さない日本人〟から脱却する

会議で発言をしない日本人の姿勢は、外国人から働きにくいと思われる可能性がある為、ビジネスの結果にも影響を与えてしまうという。そのため新講座では、ビジネスパーソンがグローバル環境で働く際に壁となる「発言力・コミュニケーションスキルの不足」を改善する目的で設計された。

■海外ビジネスに必須となる伝える力、マインドセットも学ぶ

コミュニケーションを円滑に進めるための英語表現、相手の理解を得るための伝え方・書き方の技術を学ぶ実践的なアウトプットに加え、異文化環境下で良好な関係を構築するための知識のインプットや「発言できない」マインドを打破するトレーニングを盛り込んだカリキュラム構成となっている。

■現場で最も必要とされる表現力×アウトプット力を強化

アウトプットには、オンラインビジネス英会話レッスン30回分や英文メールの添削などが含まれ、ビジネスシーンでのスピーキング力・ライティング力を体得することが可能です。また、日本人がよく使いがちな「It's difficult.」や「I see.」などのフレーズがネイティブからどのように捉えられ、誤解の無い様にするにはどんな表現が適切なのかなど、円滑なコミュニケーションに繋がる表現力について解説する講義もある。

■講師や受講生とディスカッションを通じて集合知を得る

100%オンライン学習の為、インターネット環境さえあれば自宅・外出先からはもちろん世界中どこからでも受講をすることが可能です。また、映像講義をあらかじめダウンロードしておけば、外出先ではオフライン環境でも受講することが可能。講師陣や国内外で仕事をしながら同じように学んでいる意識の高い受講生と、課題提出の場を通じ

て意見交換が可能です。フィードバックを直接もらうことで考え方や視野を拡げ、ビジネスの現場で必須となるグローバルマインドを鍛えることができる。

◎科目一覧

■オリエンテーション＆学習法セミナー（対象：即戦力 A/B）

受講開始のタイミングで、学習の進め方や効果的なスピーキング上達法をワークショップで学びます。

■BEST 〜 Business English Speaking Test 〜（対象：即戦力 A/B）

ビジネススピーキング効果測定テスト
ビジネスの現場で必要な「7 つの英会話スキル」をコース受講前後で測定します。

■仕事で使える英文法（対象：即戦力 A）

ビジネスの現場に不可欠な文法 10 項目を、ネイティブが感じるニュアンスの印象とあわせて解説します。

■ビジネスパーソンのための英単語講座（対象：即戦力 A）

ビジネスのシーン別に今すぐ使える英語表現をご紹介します。

■ビジネスパーソンのための英文 E メール講座（対象：即戦力 A）

英文ビジネス E メールの基礎知識とコツを身に付けます。

■伝える技術を磨く英文ライティング講座（対象：即戦力 B）

ビジネス英文メールやレポートを書くトレーニングを行います。

『考える力』

■課題解決コミュニケーション（対象：即戦力 A/B）
グローバルビジネスの現場で日本人が陥りがちな外国人との問題解決方法を学びます。

■ダイバーシティ時代の異文化対応力 ～ Culture&Values ～（対象：即戦力 A/B）
指定図書をもとに、ダイバーシティ（異文化）における行動のあり方を理解し、議論します。

■仕事を動かすニュアンス講座（対象：即戦力 B）
仕事を動かすために、より相手に行動を促すための英語ニュアンスについて学びます。

■ダイバーシティ時代の関係構築力～ Respect&Trust ～（対象：即戦力 B）
ダイバーシティ環境下で相手と信頼関係を結び、自ら行動に移すためのスキルを学びます。

■Business News Discussion ～中級編～（対象：即戦力 A/B）
The Japan Times などの英字新聞をソースに、ディスカッションフォーラムで議論します。

■ＢＢＴオンライン英会話（対象：即戦力 A/B）
日常のビジネスシーンでよくある場面を想定したビジネス英会話のレッスンを行います。

■レポート提出（開始時・終了時）（対象：即戦力 A/B）
ビジネス即戦力トレーニングコース A の受講前後にレポート（英語のエッセイ）を提出していただきます。

大前研一通信・特別保存版 Part.13　　119

◎コース概要

【ビジネス即戦力トレーニングコース A　概要】
受講期間：6ヶ月
コース開講日：偶数月1日
受講料：155,000円(税抜)
受講時間の目安：約175時間／6カ月　オンライン英会話：1回25分(全30回)
HP：https://pegl.ohmae.ac.jp/course/business_a/

【ビジネス即戦力トレーニングコース B　概要】
受講期間：6ヶ月
コース開講日：奇数月1日
受講料：155,000円（税抜）
受講時間の目安：約175時間／6カ月　オンライン英会話：1回25分（全30回）
HP：https://pegl.ohmae.ac.jp/course/business_b/

Column ◇ 1. その英語、相手にササリますか？（電話対応編）

http://pegl.ldblog.jp/archives/42802962.html

　Face-to-face で会話できれば、話している相手の表情を読み取りながらコミュニケーションできます。咄嗟に英語が出て来なかったり、言葉で伝え切れないところは、身振り手振りやメモ書きを交えれば、相手に真意を伝えやすくなりますが、表情やジェスチャーやメモ書きが使えないのが、電話によるコミュニケーションです。電話によるコ

ミュニケーションでは、相手が電話口で耳にする言葉だけで、こちらの意図を伝えなければなりません。それだけに、言葉使いが重要になります。実践ビジネス英語講座でも初級・中級コースで科目を担当している関谷英里子先生の著書『その英語　こう言いかえればササるのに！』（青春出版社）から、"日本では電話口で良く使うのだけれど、日本語の言い回しに引きずられて間違いやすい英語表現" を詳しく解説します。

⑴ 今、よろしいですか？

　直訳すると、Now, are you OK(all right)? となります。この英語表現には二つの問題点があります。まず一つ目は、Are you OK(all right)? という表現です。日本語では「良いですか？」と言うのでそのように聞きたくなりますが、英語では「（体調や具合は）大丈夫？」という相手を気遣うニュアンスで相手に伝わってしまいます。相手は唐突な問いかけに「（体調や具合は）何ともないですよ」という怪訝そうな反応で返してくることでしょう。二つ目は冒頭の「Now,」という表現です。日本語では「今」ですが、「Now,」と切り出すのは、話題を変える時に良く使います。「さて」「では」「で」という意味に捉えられてしまいます。

　Is it okay(all right) to talk now?
　という英語表現がしっくりきます。You ではなく It が形式主語になるところがポイントです。

　ほかの表現には以下のようなものがあります。どれも同じ意味ですが、バリエーションとして覚えておくと良いでしょう。

　Is it a good time to talk?
　Is now okay?
　Can we talk now?
　Are you busy right now?

⑵ 電話で失礼します。

Excuse me in telephone. という英語でも意図は何とか伝わるかもしれませんが、文法的には前置詞の in が不適切ですのでそのような英語はありません。

over the phone あるいは on the phone が文法的には正しい用法です。

「本来ならば会って、face-to-face で話さなければならないところを、電話で済ませてしまって失礼します」と意訳すると、以下のような英語になります。

I'm sorry we can't discuss this face-to-face.
I'm sorry we aren't discussing this face-to-face.

ただし、日本のビジネスシーンでいうところの「電話で失礼します」というニュアンスよりも大げさな印象を与えてしまうこともあります。既に電話で話を始めてしまっているのであれば、電話だから会うよりも失礼ということは必ずしもありません。「電話で失礼します」とわざわざ改まる英語文化は特にはないのだと言う風に『その英語こう言いかえればササるのに！』では言っています。

⑶ いただいたお電話で失礼します。

直訳した Excuse me in your phone. という英語は相手に意味が伝わりません。電話機の中に入ってしまうというのも不可解な話です。

これはいかにも日本的な表現で、英語ではあまり使わない言い回しです。ただ、相手がかけてきた電話なのにもかかわらず、こちらの用件を後から追加することによって、電話時間が長くなるのは避けられません。「こちらからの用件は、なるべく手短に済ませますね」とことわることによって、マナーの良い人、相手の時間を大切にしてくれ

『考える力』

る人という印象を得られることでしょう。以下の表現です。

I know you're the one calling me, so I'll try to make it brief.
　あなたからもらった電話なので、こちらからの用件は手短に済ませます。

⑷ 復唱します。

　例えば、不在の同僚に後ほど、電話を相手へ掛け直させるとき、相手から聞いた電話番号を念のために確認するのがマナーです。

　「I repeat.」というと、何かの警告や緊急事態発生を知らせるアナウンスに使う「繰り返します」という消防や警察の決まり文句です。

　例えば、地震や火事が発生した時、「Don't use the elevator. I repeat. Don't use the elevator」と言ったアナウンスに使います。I repeat. と聞くと、相手は「何か緊急事態でも発生したのか」と少し身構えることもあります。

　もう1つ言いがちな表現が「I will repeat after you.」です。英語の授業やラジオ講座で先生が「Repeat after me」（後に続いて言ってみましょう）と言うのに聞き慣れているので、つい使ってしまいがちな言い回しです。相手に対しても同様に「語学の授業でもあるまいし」と思わせてしまいますので、ここでは以下の表現を使います。

Let me repeat that (just in case).
（念のため、）復唱させてください。

　Let me repeat that. で通じますが、just in case を付け加えることで、「取り間違えない目的で」復唱していることが相手にはっきり伝わります。確認することで、仕事上のミスも防げます。電話口に出ている相手に対しても間違いなく伝わっている安心感を与えます。

大前研一通信・特別保存版 Part.13　　123

⑸ そろそろ電話を切りましょうか。

「終わりにしましょう」を直訳した Let's finish. は、何かを完全に終わらせるというニュアンスがあります。プロジェクトを終わる時などには使う場合もありますが、電話を切る時には使わない表現です。

Let's hang up. とも言いません。hang up はガチャンと切るイメージがあるので、Let's とは一緒には使いません。

「こちらの用件で、相手の時間をちょうだいしてしまっている」という気持ちを込めて、以下の表現を良く使います。

I should let you go.
そろそろ電話を切りましょうか。

電話をそろそろ切ったほうが良いかもしれない場合、「私が切りたいと思っている」ことを表には出さないほうが望ましいです。「この電話からあなたを解放しないと」と自分の都合ではなく、相手の都合を尊重しているという心遣いを表すこの表現を使うことで、印象を良くすることができます。

いかがでしたでしょうか。

電話だと、話し相手が不可解な表情をしていても、こちらではその表情を見ることができません。その結果、「自分が話している英語が、どこか変なのかな」と気が付かないまま、自己流の電話英語を修正しないで過ぎてしまうおそれがあります。「自分もやってしまっているかも」と思った方は、ぜひ今回紹介したフレーズを練習してみてはいかがでしょうか。ビジネスパーソンとして、かっこよく、正しい英語の決まり文句が使えるようにしたいものですね。

◆ソース◆
その英語　こう言いかえればササるのに！
http://www.amazon.co.jp/dp/4413044053
pp.169‐177,187-188
（『実践ビジネス英語講座』メールマガジン グローバルリーダーへの道 Vol.150　2015/2/16）

Column ◇ 2. スマートに乗り切る「モノの言い方」 とは？

http://pegl.ldblog.jp/archives/47832708.html

　自分の意見が「尊大な物言い」で反対されて傷ついてしまった経験はないでしょうか？逆に、たとえ悪気がなかったにせよ自分の反対意見が「尊大な物言い」と皆に受けとめられて相手を傷つけてしまわないように気をつけたいものですね。具体的にはどのような言い方に気をつけたらよいのか──というのがテーマです。

　社内の会議で、A案とB案の企画のどちらが良いか──を話し合っている場面があるとします。皆は「A案が良い」と言っていますが、あなたは「A案はやめたほうがいい」と思っているとします。そこで、皆に対して反論しなければならなくなるわけですが、このよう反対意見を述べなければならない場面で、皆から「尊大な物言い」と思われないためにはどのようにしたらよいのでしょうか？

　実践ビジネス英語講座（PEGL）で初級・上級コースを担当している狩野みき氏の著書『超一流の「自信思考」~ 世界のエリートにも負けない自分のつくり方~』（大和書房）によると以下の3つのことに注意しなければならないと言います。

(1)「別意見です」と前置きしてから反対意見を始める
(2) 根拠を先に言う
(3) 断定的な言い方はしない

大前研一通信・特別保存版 Part.13　　125

⑴～⑶それぞれについて詳しくみてみましょう。

⑴「別意見です」と前置きしてから反対意見を始める

「別意見です」と前置きしてから反対意見を始める誰かの言い分に対して反論するときには、「そうは思いません」と、相手の言い分に真っ向から対峙するのではなく、「私は別意見なんです」「私はちょっと別でして」と前置きしてから詳しい内容を話すことを狩野氏は勧めています。「反対」ではなく「別」という角が立ちにくい言葉に言い換えているところがミソです。

「自分の意見に『反対』された」と感じると、人は不快に感じてしまうものです。だから「別」という角が立ちにくい言葉と使うわけですね。「私は『違う』意見です」というのも言い方によっては偉そうに響いてしまうので、避けたほうが無難だと狩野氏は述べています。英語だと a different opinion ではなく an another opinion になりますが、an another opinion のほうが、相手の意見を直接的には傷つけない遠まわしの反論となるわけですね。

また、個人に対して反論するときには、「別」という言葉に加えて、相手の言い分を必ず認めるようにします。「Cさんはやはり○○と思われますか…ちなみに私はちょっと別意見でして」などと言うのが無難です。順接でも逆接でもない接続詞「ちなみに」とワンクッションを置いているのがミソです。前段でいくら相手の言い分を認めても、その後で「しかし」などのような明確に逆接を意味する接続詞を使うと、「認めてもらった前段がまるまる打ち消された」というように、人は感じがちだと狩野氏は言います。

ここで言ってはいけない "ありがちな例" として、注意しなければならない言い方があります。「○○とおっしゃるお気持ちはわかります」──相手が目上であればこの言い方は失礼にあたります。欧米人

(また、欧米的な感覚を持った人)に対してこのような言い方をしてしまうと、「『気持ちが分かる』と言うなら、なんでわざわざ反対するんだ」と切り返されかねません。

(2)根拠を先に言う

意見には結論と根拠が不可欠です。そして、意見を言うときには「結論が先、根拠は後」を徹底せよ——とは良く言われることですね。結論を先に言わないと、何を言っているのか分かりにくいからです。

ところが、ハーバード流交渉術では、交渉するときは【根拠→結論】の順番で伝えよ——と説いています。根拠を先に言うことにより、相手がこちらの事情を理解しやすくなり、結論を聞き入れやすくなるからです。

狩野氏によると、ハーバード流交渉術が「根拠が先」とわざわざ言うのには少々カラクリがあります。日常のあらゆる場面で【結論→根拠】という順序が徹底している米国社会では、根拠を先に述べることによって、いつもと違う順序に対して相手は「え？何か特別な事情でもあるの」と意表をつかれるわけです。このメリハリにパワーが生まれます。

一方、日本人がいつもと同じように根拠を先に言っても「どうしていつも結論から先に言わないんだ。またわかりづらい前段の話をして…」と思われかねません。日本語は、根拠を先に言う言語だからです。ハーバード流交渉術のメリハリパワーを取り入れたいのであれば、普段から【結論→根拠】という順序で話すように心がけることを狩野氏は勧めます。

(3)断定的な言い方はしない

どんなに「別意見です」とソフトな前置きから話を切り出し、相手

の言い分を尊重し、根拠を先に述べてオブラートにくるんでも、最も肝心である主張の部分を断定的に言い切ってしまっては、すべての苦労が台無しになってしまうので注意しなければなりません。

例えば「企画A案は絶対にやめたほうがいい」と心の中では思っていても、「A案は絶対にやめるべきです」などと断定的な言い方はせず、「A案ではないほうが良いと思うのですが」などと言って「思う」という動詞を効果的に使うのが上手な言い方です。

「これは自分の一意見に過ぎない。自分は人の意見に耳を傾ける用意がある」ということを言葉で伝えるわけです。

いかがでしたでしょうか。

英語はロジックとともにニュアンスが大切です。特に結果を求められるビジネスシーンでは、「英語は白黒がはっきりしていて、ストレートに伝える言語である」という誤解もあいまって、表現や発言の仕方のちょっとしたニュアンスの違いから思いもよらなかったような損な結果を被る引き金となることがあります。実際に体験をされた読者の方も多いかもしれません。

みなさんは反対意見を述べるとき、「尊大な物言い」と相手に受け止められてしまわないように注意していることはありますか？

◆ソース◆

『超一流の「自信思考」~ 世界のエリートにも負けない自分のつくり方~』（大和書房）

http://www.amazon.co.jp/dp/4479795227

pp.145 - 149

（『実践ビジネス英語講座』メールマガジン グローバルリーダーへの道 Vol.150 2015/2/16）

「考える力」

Column ◇ 3. 異文化の壁を超える交渉テクニック

http://pegl.ldblog.jp/archives/43857300.html

　日本式交渉の何が問題なのかを紹介したいと思います。大きくは次の二つ（A）コミュニケーションスタイルと（B）日本企業の組織的な特徴に関連する問題があります。ここでは（A）コミュニケーションスタイルから問題点を紹介しましょう。

(1) No を直接言わない、言えない

　日本人は間接的なコミュニケーションスタイルを持っています。そのため「No」とはっきり言うことに心理的な抵抗を覚えます。同書でこの記述を読んだときに、筆者にも思い当たって反省することがありました。家の一部改築をしたがっている配偶者（日本人ですが）から何度かそれについての相談されているものの、筆者は今のところはそのつもりがありません。ところが「No」とはっきりいう事がなかなかできません。「No」と言いたくはないけれど「こちらの表情や態度で『No』であることを相手には悟って欲しい」という気持ちが働いているのは確かです。相手にとっては No であっても「はっきり言って欲しい」、そのほうが「誤解したり、時間を無駄にしたりせずに済む」という点は交渉相手が外国人に限りませんね。

　【対策】否定的なことをはっきり言うことによって人間関係がぎくしゃくするのではないかと懸念してしまいます。実はその逆のことが多いというのが実態です。特にビジネスでは、否定的なことを直接言わないために混乱や誤解が生じ、その結果として相手との信頼関係にひびが入ります。

(2) 賛成の意味ではない「Yes」

　日本人の私たちは、「うん」といううなずきの軽い気持ちで「Yes」

大前研一通信・特別保存版 Part.13　　129

という英単語が無意識に口をついて出てしまうことがあります。日本人からすると、そのときの「Yes」は Yes, I heard you（はい、あなたの言っていることを聞きました）や Yes, I understand your point（はい、あなたのポイントは理解しています）の後ろの文の省略です。しかしながら、外国人からすれば Yes はあくまで賛成も意味するものであると著者は述べています。

　例えば、外国人従業員との賃上げ交渉の席で、相手の賃上げを求める理由の説明に対して、うなずきの軽い気持ちで「Yes」と口をついて出てしまうのは、賃上げに対して賛成であると受け止められてしまう恐れがあります。

【対策】賛成しない場合は Yes と言わないようにします。また、相手の話を頷きながら聞いた後には、誤解を避けるためにも、自分の意見を言葉で伝えるほうが良いでしょう。

(3) あいまい

　日本では言葉ですべてを伝えようとするよりも、顔の表情や声の調子、ボディランゲージなどの非言語的コミュニケーションによって言いたいことを伝えようとします。ことばを使わなくても「阿吽の呼吸」「腹芸」「以心伝心」などによってお互いの言いたいことを伝えようとします。（１）でメルマガ筆者の経験例を紹介しましたが、外国人に対しても、同じように「この人なら『阿吽の呼吸』『腹芸』『以心伝心』がひょっとしたら通じているのではないか」という甘えた期待を抱いていはいないでしょうか？決して通じません。

【対策】外国人と効果的にコミュニケーションを取るためには、自分が考えていることをできるだけ言葉で表現する努力が必要です、それにはもちろん英語力も伴います。著者は、相手が表情やボディランゲージで理解してくれるということを期待すべきではないと述べています。

⑷口数が少ない

　いろいろな国の人が集まって話している席の中で、日本人はおとなしい傾向があります。言いたいことがあっても、英語の会話の中でどのタイミングでそれを言ったら良いのかと迷ってしまいます。速いペースで流れる英語の会話に割って入るのは容易ではありません。「この話が一段落したら、割ってはいろう」とタイミングをうかがっているうちに、まったく別の話題に変わってしまった。あるいは時間切れでお開きになってしまった――という経験はないでしょうか。

【対策】思い切って会話に割り込むしかありません。会話を遮るのをおそれてはいけません。日本ではほかの人が発言しているときにそれを遮るのは失礼にあたりますが、米国などカジュアルな文化では、人の発言を遮ることは大した問題ではありません。発言する機会が与えられるのを待つのではなく、自分で作らなければなりません。

⑸沈黙

　日本人はコミュニケーションの中で沈黙を頻繁に利用します。相手の発言について考えたり、次の発言を用意するためです。ところが、英語のコミュニケーションでは、沈黙はめったに訪れないと著者は述べています。沈黙するということを否定的に捉えるため、日本人の"悪気の無い沈黙"を「何かうまくいっていないのでは？」と不安になるのだそうです。沈黙を恐れて無理して何か言おうとしてしまうと、言わなくてもいいことまでついしゃべってしまうことがあるかもしれません。無理してしゃべるくらいなら、沈黙する時間を1分でもくれるように話し相手にはっきりと言いましょう。

【対策】会話の中ではなるべく沈黙を作らないようにします。頭の中を整理するのに時間が必要なときは、沈黙して考える時間をくれるように話し相手に説明するようにしましょう。

(6)アイコンタクトの欠如

　日本人を相手に話すとき、相手の目を見ながらではなく、ネクタイの結び目あたりに視線を置くことをすすめるマナーを教わった経験がメルマガ著者にはあります。欧米ではアイコンタクトを重視しますので、視線をしっかりと合わせます。もっと大事なことですが、人のことを聞きながら目を閉じることは避けましょう。深く考えたり、集中したいときに目を閉じて、視覚からの雑音をシャットダウンすることがあります。耳からの英語に集中しようとして、視覚をわざとシャットダウンした経験はないでしょうか。欧米人の話し手にとっては非常に失礼にうつります。
　「そんな話は興味がない」というシグナルと解釈されてしまうからです。

　【対策】自分が話す場合も聞く場合も、相手の視線から目をそらすことなく、しっかり相手の瞳を見る努力をしましょう。相手の話を聞く時、目を閉じながら聞くことは避けましょう。

　いかがでしたでしょうか。
　紙幅の関係で今回は詳しくご紹介できませんでしたがもうひとつの問題点が（B）日本企業の組織的な特徴に関連する問題です。具体的には、交渉の場に立っている日本人が組織から全権を委任されておらず、その場で意思決定や決断ができず、日本に持ち帰らないと話が進まないという点です。みなさんの組織では、いかがでしょうか。

　◆ソース◆
　外国人との交渉に成功するビジネス英語 (語研)
　http://www.amazon.co.jp/dp/4876152322
　pp.40 － 51
　（『実践ビジネス英語講座』メールマガジン グローバルリーダーへの道 Vol.162 2015/04/30）

第3章：21世紀を生き抜く国際バカロレア(IB)教育の拡がり

1. 国際バカロレア (IB) 教育の拡がり

◎国際バカロレアの推進について

[登壇者：文部科学省ＩＢ教育推進コンソーシアム事務局　小澤大心氏]
○プロフィール：東京学芸大学教育学研究科修了（教職大学院）、ぐんま国際
アカデミー中高等部、立命館宇治高等学校にてＩＢ文学を指導、アオバジャパ
ン・インターナショナルスクールにてＴＯＫの授業を担当、現在、文部科学省
ＩＢ教育推進コンソーシアム事務局にてＩＢ普及促進活動を実施。

　国際バカロレアは国際バカロレア機構という教育に関する非営利団
体が提供する国際的な教育プログラムです。学びの特徴としては、批
判的思考力の育成を目指した双方向型かつ協働型の学びが展開されて
おります。もう少し簡潔に述べるのであれば、国際バカロレアのプロ
グラムは、国際バカロレア機構が提供する世界標準の学習指導要領に
近いものとなります。現在、153 の国や地域の 5000 校ほどでこの
プログラムが実施されております。文部科学省で国際バカロレア教育
をなぜ推進するのかについては、学習指導要領と国際バカロレアが学
習者に求めたい資質・能力に非常に親和性があると捉えているからで
す。(①)

　国際バカロレアの各プログラムには、小学校向け、中学校向け、高
校向けのプログラムがございますが、特に高校向けのプログラムに関
しましては、国際的に通用する大学入学資格、いわゆる国際バカロレ
ア資格（ＩＢ資格）というものが取得可能になっています。この国際
バカロレア資格の取得のためには最終試験を受験して、一定の成績を
収めることで取得することが可能であり、その点数を持って国内の大
学あるいは海外の大学にも進学することができます。

「考える力」●

　特に文部科学省として国際バカロレア教育を推進する意義として、その１つ目に国際バカロレア教育がグローバル人材の育成に有効な手法であると捉えている点があります。いわゆる課題発見・解決能力、論理的思考力、コミュニケーション能力などの育成において非常に有効であるということです。また、２つ目には国際通用性という点です。特にＩＢ資格を持って高校卒業から海外の大学へ直接入学できるという選択肢が広がっています。３つ目としては、特色的なカリキュラムかつ双方向型の授業の特徴がある点です。

　そして４つ目といたしまして、国内外の優秀な人材の獲得につながる点です。当然、これから推進していく国際バカロレアは日本国内でＩＢ資格を取得していく学生が国内の大学、もしくは海外の大学へ進学していくことを想定していますが、海外で国際バカロレアを取得した学生が、日本国内を選択するということも出てくるかと思います。その点において大学の国際化、活性化というところが期待されているのです。この４つの意義が、私たちコンソーシアム事務局として推進している意義になっております。

　政府の目標といたしましては、2020年度までに約200校（プログラムベース）を目指

① **国際バカロレアについて**

国際バカロレア(IB)とは
・国際バカロレア機構が提供する国際的な教育プログラム。課題論文、批判的思考の探究等の特色的なカリキュラム、双方向・協働型授業により、グローバル化に対応した素養・能力を育成。
・世界153以上の国・地域、約5000校で実施（2019年3月時点）。
・国際バカロレアの理念及び教育カリキュラムと、日本の教育政策の方向性は親和性が高い。

学習指導要領が目指す資質・能力	国際バカロレアの学習者像
①生きて働く「知識・技能」の習得 ②未知の状況にも対応できる「思考力・判断力・表現力等」の育成 ③学びを人生や社会に生かそうとする「学びに向かう力・人間性等」の涵養	探究する人／知識のある人／考える人／コミュニケーションができる人／信念をもつ人／心を開く人／思いやりのある人／挑戦する人／バランスのとれた人／振り返りのできる人

② **国際バカロレアについて**

国際バカロレア推進の意義
・高校レベルのディプロマ・プログラム(DP)は、国際的に通用する大学入学資格(IB資格)が取得可能であり、世界の大学入学者選抜で広く活用。
・幼稚園、小学校、中学校レベルのプライマリー・イヤーズ・プログラム(PYP)、ミドル・イヤーズ・プログラム(MYP)を含め、我が国のグローバル人材育成等に資する。

意義
① グローバル人材の育成に有効な手法
　（課題発見・解決能力、論理的思考力、コミュニケーション能力など）
② 国際通用性　→高校卒業から海外大学にも直接入学する選択肢の拡大
③ 特色的なカリキュラム、双方向型授業　→初等中等教育の好事例

政府の方針
④ 国内外の優秀な人材の獲得　→大学の国際化、活性化

国際バカロレア認定校等を2020年度までに200校以上　※認定校・候補校は2019年11月時点(計150校)
未来投資戦略2018(平成30年6月閣議決定)　PYP:認定校38校 候補校18校　MYP:認定校15校 候補校15校
　　　　　　　　　　　　　　　　　　　　　DP:認定校49校 候補校12校

大前研一通信・特別保存版Part.13　135

しております。(②) 11 月時点の状況でございますが、認定校と候補校、合わせて 150 校です。

　ＩＢの教育プログラムは主に３つございます。１つ目にプライマリー・イヤーズ・プログラム（ＰＹＰ）であり、これは主に小学校向けのプログラムです。３歳から対象になりますので、厳密にいえば、幼稚園、保育園から実施できるプログラムになっております。また、２つ目のミドル・イヤーズ・プログラム（ＭＹＰ）は、11 歳から 16 歳を対象にしたプログラムです。こちらは主に中学校、厳密に言えば、中学校１年生から高校１年生までのプログラムになります。ＰＹＰとＭＹＰに関しましては、日本語で展開することも可能です。

　そして、ディプロマプログラム（ＤＰ）は 16 歳から 19 歳を対象にしたプログラムです。２年間のプログラムになりますので、高校２年生、３年生相当のプログラムとなります。従来は、英語、フランス語、スペイン語、この３つの言語のみでしか受講できませんでした。それが、文部科学省とＩＢ機構の合意によって、一部の科目で日本語が実施できるようになりました。具体的にいいますと、6 教科のうち 4 教科は日本語で授業を取ることができます。そして、2 教科に関しては、英語で受講することになっています。(③)

　学校・自治体でのＩＢ導入の動きというところで、自治体レベルでどういった動きがあるのかを紹介させていただきたいと思います。(④)

③ **国際バカロレアの教育プログラム**

○プライマリー・イヤーズ・プログラム（PYP）【世界：1,792校（国内：38校）】
（日本では主に幼稚園、小学校で導入）
✓ 3歳～12歳を対象。どのような言語でも提供可能。

○ミドル・イヤーズ・プログラム（MYP）【世界：1,541校（国内：18校）】
（日本では主に中学校で導入）
✓ 11歳～16歳を対象。どのような言語でも提供可能。

○ディプロマ・プログラム（DP）【世界：3,459校（国内：49校）】
（日本では主に高校で導入）
✓ 16歳～19歳を対象。
✓ 所定のカリキュラムを2年間履修し、最終試験を経て所定の成績を収めると、国際的に認められる大学入学資格（国際バカロレア資格）が取得可能。
✓ 原則として、英語、フランス語又はスペイン語で実施。一部の科目において、日本語での実施（日本語DP）が可能。

〔○キャリア関連プログラム（CP）【世界：253校国内：-校】
16～19歳を対象として生涯のキャリア形成に役立つスキルの習得を重視したキャリア教育・職業教育に関連したプログラム。〕

　実は９月にシンポジウムを開いた際にいくつかの教育委員会に登壇いただきました。さいたま市教育委員会、広島県教育委員会、香美市教育委員会、高知県教育委員会、札幌市教育委員会より、それ

「考える力」

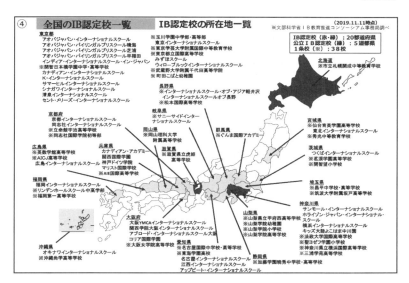

ぞれの自治体においてどのようにＩＢ教育を展開しているのかをお話しいただきました。現在、コンソーシアムにおいて自治体でのＩＢ導入を推進しておりますので関心がある自治体には引き続きヒアリング訪問をさせていただきたいと思っております。(⑤)

ここで一つ、ＩＢ導入のための財源の確保についての事例を紹介させていただきます。香美市教育委員会に関しましては、ＩＢ導入に関しましてふるさと納税を活用しているとのことです。今後、市町村区の自治体で同様の財源活用例が期待できるかもしれません。

香美市の事例のように、各自治体で教育財源の確保については考

えてみることは重要です。他にも、教育ビジョンについても各自治体でなぜＩＢ導入を進めていくことが必要であるのか、過疎化の進展や学校の統廃合が進む中での新しい学校づくりにおいてＩＢ教育がなぜ有効であるのか、地域のグローバル人材の育成においてＩＢ教育が何をもたらすのか等の諸課題と一緒に今後の教育の在り方を考えていくことも重要です。

　まずは、それぞれの自治体で、そういった形で知恵を絞って、今後の施策をどうするかということを考えてみる。また細かい部分では、他の自治体でどのようにＩＢ導入を進めていったのかを検討する。自治体として、どのようなプロセスで人材育成を行っていくのか、教育委員会としてどのような学校づくりを進めていくのか、市民と行政が一体となって教育を盛り上げていく中で、どのような人材を育てていくのかなど。さらに、少子高齢化も過疎化も進んでおります。そういった文脈の中で、教育の一つの選択肢としてＩＢの導入を検討されていくことを期待しております。

　次にＩＢスコアを活用した大学入試に関して、簡単に説明させていただきます。（⑥）こちら、ディプロマプログラムで最終的な試験を受けるということになります。分かりやすく例えるなら、センター試験を受けて、さらにセンター試験の点数が一定程度を超えていないと、国際バカロレアでは高校卒業資格がもらえないというものです。最終スコアは６科目が、それぞれ７点で計算されております。

　プラス、コア科目による３点のボーナス点で45点となります。45点満点中、24点以上取れると国際バカロレア資格の取得が可能です。

⑥　**IBの成績評価と資格取得要件**

○45点中、原則24点以上でIB資格取得
- 6科目：各7点（計42点）
- 課題論文,TOK,CAS：計3点
　（平均点：約30点。IB資格取得率：約7～8割）

○評価は、外部評価と内部評価により実施。
- 外部評価（全体の60-80%）は、世界共通の最終試験（IB試験）を一斉に実施。
- 内部評価（全体の20-40%）は、外部評価員がチェックするなどにより、客観性・正確性を担保。

『考える力』

世界平均に関しましては、30点といわれております。ＩＢを受講した生徒の７割から８割は、ＩＢを取得しているということになります。

また評価に関しましては、いわゆる世界共通試験が実施されていまして、11月に日本の場合は実施されます。

最終的な大学受験に関しましては、11月の世界共通試験を受けて、その後、試験結果が１月に来ます。AO入試とか推薦入試等をＩＢスコアが確定する前に受験する場合は学校側で予測スコアを出します。

最終的に１月に試験の結果が出て、その成績が確定して、確定スコアを大学側に提出してもらって最終合否を決めてもらうというのが一般的です。（⑦）

国内のＩＢを活用した大学、全学部で実施しているのは36大学。一部の学部で実施しているのが25大学

---

⑦ **IBの成績評価と資格取得要件**

○試験日程について
　—5月試験（北半球）・・・結果は7月上旬
　—11月試験（南半球）・・・結果は1月上旬
　　　※日本の一条校は、11月の試験の実施が多い

○大学受験について
　受験では、DPの予測スコアに基づき、各大学が条件付き合格（オファー）を行い、最終スコアが確定した段階で、最終的に合否決定を行う方法が一般的。

---

⑧ **IBを活用した国内大学入試について**

全学部実施（36大学）		一部学部実施（25大学）	
会津大学	千歳科学技術大学	愛知県立大学	広島大学
浦和大学	中京大学	青山学院大学	北海道大学
お茶の水女子大学	筑波大学	大阪市立大学	法政大学
岡山大学	東京医科歯科大学	大阪大学	武蔵野大学
鹿児島大学	東京外国語大学	学習院大学	明海大学
金沢大学	東京学芸大学(13は1より)	京都大学	明治学院大学
関西学院大学	東京国際大学	近畿大学	立命館大学
京都外国語大学	東北福祉大学	慶應義塾大学	立教大学
京都工芸繊維大学	東洋大学	首都大学東京	
倉敷芸術科学大学	豊橋技術科学大学	順天堂大学	
工学院大学	名古屋大学	中央大学	
神戸女学院大学	日本工業大学	創価大学	
国際基督教大学	日本獣医生命科学大学	東京藝術大学	
国際教養大学	ビジネス・ブレークスルー大学	東京都市大学	
芝浦工業大学	松本歯科大学	東北大学	
西南学院大学	武蔵野学院大学	長崎大学	
創価大学	横浜市立大学	日本体育大学	
玉川大学	立命館アジア太平洋大学		

計61大学

【注】
・日本の学校の卒業生を対象としているものを記載（帰国生や留学生に対象を限定しているものを除く）
・下線はIB資格取得者・取得予定者のみを対象とした入試を実施している大学
・各大学へのアンケートに基づき文部科学省IB教育推進コンソーシアム事務局で作成したもので、必ずしも全ての情報を網羅しているわけでは ありません。（平成30年12月時点）

※文部科学省IB教育推進コンソーシアム事務局調べ　12

---

⑨ **IB推進のコンソーシアムの発足**

日本国内におけるIBの普及促進及びIB教育ノウハウの横展開等を主導する組織として、平成30年に、IBに係る国内関係者が集う文部科学省IB教育推進コンソーシアムを設立。

【主なコンソーシアム機能】
1. 関係者協議会を通じた文部科学省への提言
2. 学校・教育委員会等への日本の実情を踏まえたコンサルティング等の実施
3. ホームページ・オンラインフォームの管理運営を通じた情報交換等の促進
4. IB教育推進シンポジウムの開催（各地域でのセミナーも実施）
5. コンソーシアム協力校・機関による連絡協議会の運営

大前研一通信・特別保存版Part.13　139

です。(⑧)

今後もＩＢスコアを活用した大学の数が増えていくことに期待しております。

コンソーシアムの活動は2018年度年から立ち上がったプロジェクトです。日本全体でこの国際バカロレア教育を推進していこうという目的で、文部科学省によりコンソーシアム事務局が設置されました。国際バカロレアに関する基礎情報については、コンソーシアムのHPならびにAirCampusという無料の会員制サイトを通じて情報発信しておりますので、ぜひご覧いただければ幸いです。引き続き皆様に国際バカロレアへの関心をお寄せいただければ嬉しい限りです。(⑨〜⑫)

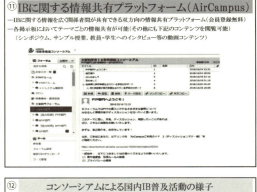

（ＩＢ地域啓発セミナー IN 鹿児島：2019/12/21）

「考える力」

2. 第3回「国際バカロレア推進シンポジウム」開催報告（9/22開催）

◎第3回「国際バカロレア推進シンポジウム」開催
～国際バカロレア教育に関心のある学校関係者・自治体関係者ら223名集まる～

昨年度より国内における国際バカロレア（IB）教育のさらなる普及促進を目指し、文科省からの委託事業として、アオバジャパン・インターナショナルスクールは「文部科学省IB教育推進コンソーシアム」を発足し

第3回「国際バカロレア推進シンポジウム」（東海大学高輪キャンパス）

た。同コンソーシアムは、国内におけるIB教育に対する理解ならびに各IB教育プログラムの導入・運営に対する効果的な支援を主な目的としている。これらの活動の一環として、第3回目となるシンポジウムが9月22日に東海大学高輪キャンパスにて開催された。当日はIB教育に関心のある学校教員、保護者や学生、自治体関係者など223名が参加した。

開会の挨拶では、文部科学省大臣官房国際課・国際協力企画室長の宮本氏とアオバジャパン・インターナショナルスクールの柴田巖理事

長から挨拶がなされ、コンソーシアム活動のもとで、国内の学校や自治体ならびに教育機関におけるIB教育の導入がさらに活性化されることへの期待が述べられた。

第1部・PYP、MYP、DPの事例共有（聖ヨゼフ学園小学校・市立札幌開成中等教育学校・仙台育英学園高等学校）

第1部では、「一条校におけるPYP、MYP、DPの導入事例紹介」と題し、聖ヨゼフ学園小学校、市立札幌開成中等教育学校、ならびに仙台育英学園高等学校より各プログラムにおける現場での授業実践の事例共有が行われた。事例紹介の中では、「各プログラムの特色」、「実際の授業展開」、「IB教育を通じた生徒や教師の変容等」について、現場の教諭らより発表が行われた。

第2部では、「SGH校からIB校への決意」と題し、仙台二華中学校・高等学校よりこれまでの教育実践の軌跡が共有された。その中で、SGH校として取り組んできた課題研究の方向性が、探究的な学びの特徴のあるIB教育に重ね合わせることができると考え、IB導入を決めた経緯が示された。

第3部では、「自治体における日本語IB導入について」と題し、パネルディスカッションによる各自治体のIB導入経緯やその環境整備に関する事例共有が行われた。司会の坪谷ニュウエル郁子氏（日本国際バカロレア大使）がファシリテートする中、香美市教育委員会、札幌市教育委員会、高知県教育委員会、さいたま市教育委員会、広島県教育委員会の各IB担当者によるプログラム導入の取り組みが共有された。各自

治体における先行事例が共有されたことで、ＩＢ未導入の自治体におけ
る各プログラムの導入をめぐる議論の活性化が期待される。

　また、シンポジウム後には、第１回コンソーシアム協力校・機関に
よる連絡協議会が開催された。協議会では、ＩＢ教育に関心を持つ学
校や教育機関等を対象に、相互による情報共有やＩＢ普及促進に係る
活動等への協力体制の構築が目指され、今後の国内ＩＢ普及促進にお
いても、戦略的かつ効果的な教育連携が期待される。今後、文部科学
省ＩＢ教育推進コンソーシアムでは、同コンソーシアムの活動を通じ
て、国際バカロレア 200 校に向けたＩＢ教育プログラムの普及・促進
を力強く推進していく。

◎一条校におけるＰＹＰ，ＭＹＰ，ＤＰの導入事例紹介「Ｐ　ＹＰ導入事例」

[聖ヨゼフ学園小学校 ＰＹＰコーディネーター 齋藤真実氏]
○プロフィール：武蔵野音楽大学音楽研究科（音楽教育専攻）修了。教育系出
版社、短大・専門学校、シンクタンクを経て、現在、聖ヨゼフ学園小学校でＰ
ＹＰコーディネーター・音楽科教諭を務める。また、文部科学省ＩＢ教育推進
コンソーシアムＰＹＰ部門のファシリテーターを担当。

　聖ヨゼフ学園小学校、ＰＹＰコーディネーターの齋藤真実と申しま
す。トップバッターですごく緊張してるのですが、今回一条校におけ
るＰＹＰの導入事例を話してほしいということでお話しいただき、何
を話したら皆さんがＰＹＰに興味を持っていただけるのかを考えまし
た。皆さんが学校関係者であれば、現場に戻ったときに何か役に立つ
ようなお話ができないかなとか、保護者の方にとっては、こういう教
育があることを、先生方は、こういう風にカリキュラムを作ってるん
だな等、とにかく何か参考になるようなことがお話しできればなと思

大前研一通信・特別保存版 Part.13　　143

いまして、今回、「ユニットのつくり方」というタイトルにしてありますが、一つの探究の授業ができ上がるまでのお話をさせていただきたいと考えております。

まず、こちら本校の概要（①）です。1953年、鶴見聖ヨゼフ学園小学校としてスタートいたしました。こんな言葉があります。「この世のさまざまな問題を他人事とせず、自らの課題として積極的に捉え、人々の真の平和と幸福をつくり出す人を育てる教育を目指します。」この言葉、誰が言った言葉かご存じでしょうか。もしかしたら、これはバカロレアで言ってることじゃないのかと思われた方、いらっしゃると思いますが、実はこの言葉は本校の初代校長が言った言葉なのです。

本校が創立60周年を迎えるにあたって、まず私たちは、これからの世の中を生きる、これからの未来を担う子どもたちにどういう教育を提供したらいいんだろうか、ということを考えたときに、今、申しました初代校長の言葉、その言葉を具現化できる教育はないかということで研究を始めました。その結果、行き着いたのがバカロレアのＰＹＰのプログラムなのです。

本日の流れについてお話しします。今回このような流れでお話いたします。（②）

こちらは、私がＰＹＰ導入までにどのようなことをしてきたかという表（③・④）です。この表の見方を初めに説明したいと思います。

「学校」と書かれているところが、学校内でやってきたこと、私たちがやってきたこと、それから「ＩＢ」と書かれているところ、国際バカロレア機構関連の事項になります。「文科省」と書かれているところが、文科省関連の事項ということになります。

2013年に、ＩＢを導入する、しないという決定がなされる前

③ 1. PYP導入まで

年度	月	学校	IB	文科省
2013		有志による勉強会開始		PYPの導入を相談
2014		IB導入決定		
	3	IB推進委員会結成		
	4	仮POI作成		
2015	2	プランニング	School Information form提出	
	3	UOI試験導入（生活科・総合の学習）		
	4	学内ワークショップ（探究の型を知る）	IB-PYPワークショップ参加（校長、コーディネーター、推進委員メンバー）	
	9	Language policy, Assessment policy作成	starter pack購入	
	10	保護者説明会	候補校申請	
	11	予算、2016年度計画立案		
	12	仮POI作成		
	2	保護者勉強会開始		
	3	IB研究部発足	PYP候補校認定 In school workshop"Making the PYP happen"	

④

年度	月	学校	IB	文科省
2016	4	PYPカリキュラム実践開始（フルUnit） 保護者にも共有	Consultant配置、Action plan作成 Consultant meeting開始	教育課程特例申請の相談
	11		Consultant visit (2days)	
2017	4	PYPカリキュラム実践開始2年目		
	5		PYP認定校申請	教育課程特例申請
	6	学内ワークショップ(Skill)		教育課程特例校認定
	11		Verification visit (2days)	
	12		認定の通知	
2018	1	次年度の募集要項検討	1月9日付でPYP校認定となる	
	2	学内ワークショップ(Exhibition)		
	4	認定校初年度		
	8		In school workshop"Assessment"（全教員）	
2019	7		IB-PYPワークショップ参加"Building for the future"（校長、コーディネーター、教務主任、担任6名）	
	2	学内ワークショップ(Enhanced PYP)		

に、有志で勉強会を始めました。それが私たち教員からすると初めの第一歩ということになります。この頃から、文科省のほうにＰＹＰの導入を検討している、ということで相談をしております。2014年、ＩＢ導入が決定いたしまして、ＩＢ推進委員会というのを学校で結成いたしました。そして仮ＰＯＩ（Program of inquiry）、探究のプログラムを初めてつくったのが2014年になります。この頃はＰＯＩといっても何のことかさっぱり分かりませんでしたので、他校のＰＯＩをみながら、うちの学校だったらこのような表現がいいのではないか等、他校のものを模倣した形でできあがったのが2015年3月のＰＯＩでした。

　ＰＯＩが完成したので、探究にチャレンジし始めたのが2015年でした。生活科と総合の学習の時間を使って、探究の授業を始めました。この頃、候補校申請をしまして、いよいよ次年度、本格的に探究を始めようということで、本格的なＰＯＩを作成したのが2015年の12月

です。管理職を含め 20
人ぐらいのメンバーが
集まって、一日中缶詰
めになってプログラム
を考えました。そして
この3月、ＰＹＰの候
補校に認定をされまし
た。

　2016 年、ＰＯＩのフルプログラムと私たちは言っていますが、一年間で六つの探究をするというフルプログラム、フルユニットをやり始めたのが 2016 年です。2017 年、2016 年度の反省を基にＰＯＩを見直し、また新しいＰＯＩで探究を実践しました。プログラム開始2年目でＰＹＰの認定校の申請をしております。その年明け 2018 年1月にＰＹＰの認定校となり、2018 年4月、認定校初年度を迎えたということであります。その間に、教育課程の特例校の申請をしております。

　こちらですが、一つのユニットができるまでに、どのような会議を実施しているのかという図（⑤）になります。ＰＯＩ、program of inquiry をつくります。それができたら、今度は一つ一つの探究のユニットをつくっていきます。その探究のユニットをつくるのに、プレプランニングという会議をしまして、プランニングの会議をします。プランナーができますと、ユニットをスタートします。ユニットが始まると、今度はウイークリーミーティングというミーティングを行います。ユニットが終了すると、リフレクション会議をして、次のユニットに向けてのミーティングが始まる、というような流れで1年間、私たちはユニットをつくり上げていっています。

　続いて、それぞれの会議でどのようなやりとりが行われてるのかということをお話しいたします。ＰＯＩ、program of inquiry 作成会議というのがあります。目的は、1年間の振り返り、カリキュラムの見直し。年に1回、3月中旬に行っております。メンバーは管理職、ＩＢ研究

部、ＩＢ研究部というのは本校の分掌の一つです。候補校となったときから分掌の中にＩＢ研究部というのをつくってもらいまして、そのＩＢ研究部のメン

バー、プラス、主任クラスの先生がた15名から20名、つまり学校の職員の半数以上が参加をしてＰＯＩの作成会議を行います。本校の場合ですと、このメンバーがＰＯＩのたたき台をつくって、その後、職員会議で全体に周知をして、さらに修正をして、ＰＯＩを作り上げていくというような流れになっています。

　こちらの写真（⑥）は、教科融合テーマごと、学年ごとにセントラルアイデアを並べているものになります。これで系統性を考慮したり、発達段階を考慮したりして、実施する順番を並べ替えています。また、内容に偏りがないかとかということもみています。

　では、各セントラルアイデア、一つ一つのセントラルアイデアがどのように決まっていくのかという話をしたいと思います。例として、教科融合テーマ、Who we are でお話をしていきたいと思います。教科融合テーマ、Who we are｜私たちは誰なのか｜、自分自身の性質、信念と価値観、個人的・身体的・精神的・社会的そしてスピリチュアルな健康、家族、友人、コミュニティー、文化圏を含めた人間関係、権利と責任、人間であるとはどういうことなのか、ということに関する探究、とあります。Who we are という教科融合テーマでは、こういったことを探究します。

　私たちは、まず最初に、この探究を通して、子どもたちが卒業するとき、卒業時にどんなことを知っていてほしいのか、あるいはどんな力を見に付けてほしいかということを考えます。そこで私たちは、卒業時に子どもたちが、一人ひとりが人間であることの意味を考えられ

るようになってほしい
ということを思い、ゴー
ルを設定いたしまし
た。(⑦)

カリキュラムをつく
る上で最も大切なこと
は、子どもをイメージ
しながらつくることだ

---

⑦ **教科融合テーマ** **Who we are**
（私たちは誰なのか）

自分自身の性質、信念と価値観、個人的・身体的・精神的・社会的そしてスピリチュアルな健康、家族・友人・コミュニティー・そして文化圏を含めた人間関係、権利と責任、人間であるということはどういうことなのか、ということに関する探究。

人間であることの意味を考える

Copyright©2019 St Joseph's Primary School

と思っております。子どもといっても、一般的な、いわゆる平均的に考えた6年生とかではなく、目の前の、私たち聖ヨゼフ学園小学校の子どもたちをイメージしながらつくっていく、ということが重要なことであると考えております。

6年生で、卒業するときには人間であることの意味を考えられるようになってほしい。では、1年生ではどのようなことを身に付けてほしいのか、ということを考えます。身に付けてほしいこと、自己肯定感を高めたい、というふうに私たちは考えました。キーワードとして、人間関係、愛というものを考えました。次に、自己肯定感を高めるためには、ということで、セントラルアイデアを考えます。このセントラルアイデアは、私たちは、質のよい仮説というような言い方をしていますが、「私たち一人ひとりは愛されている存在である、ということを子どもたちが感じることができれば、自己肯定感を高めることができるのではないか、というふうに考えました。

2年生は、1年生で自分のことを深く探究したので、2年生では自他を尊重する、ちょっと周りを見られるようになってほしいなというふうに考えました。キーワードとして、特性、違いというものを考えて、その仮説として、みんな違ってみんないい、ということを考えました。

3年生は、自分自身の性質を生かす。3年生くらいになると、ちょっと学力にも差が付いてきたり、一人一人の能力に差が付いてきたりもします。それが悪いことなのではなくて、人それぞれにスタイルがあって、

その一人一人の性質を生かした学び方ができるといいのではないかということで、私たちはこのようなセントラルアイデアを考えました。

4年生、このぐらいになると主張が激しくなってきます。権利と責任などという言葉を覚えたからでしょうか、それを主張してくるようになったりもします。自由の相互承認というものを育んでほしいなということで、互いの自由は責任や規律によって守られる、というセントラルアイデアを私たちは考えました。

5年生、心身ともにものすごく成長する時期になります。自分の内面を見つめて自分を活かす方法を知ってほしい、ということで、セントラルアイデアを考えました。

そして6年生、最後ですね。人間であることの意味を考える。私たちは Who we are という教科融合テーマでエキシビションを行っております。私たちは私たちのために生きていく、このことを深く子どもたちが探究をして、卒業していく、成長した姿で卒業していく、ということを私たちは思い描いて、この探究を形作っております。

一つ一つ、このように教科融合テーマから、伝えたいこと、セントラルアイデアを考えて、できあがったのがこのＰＯＩ、programme of inquiry（⑧）です。この色分けしてあるのが、教科融合テーマごとに色分けがしてありまして、縦軸が教科融合テーマ、横軸は学年になっております。教科融合テーマごとの流れができましたら、横の流れを今度は考えていきます。子どもたちの発達段階に合わせてですとか、この探究をした後にこの探究をするとより内容が深まるのではないかとか、このスキルを身に付けるためには、もっと前にこういうスキルを身に付けないといけないよね、などということを話し合いながら並び替えをしていく、という作業をしております。

これは、今まで外部に出したことないもので、完全な内部資料なのですが、このようなカリキュラム表を作って、ユニットを組んでおります。左側をご覧ください。ここにＰＯＩ（program of inquiry）が書かれています。次に、国語、算数、理科、社会、順不同ですが、この

大前研一通信・特別保存版 Part.13　149

⑧ POI (Programme of inquiry)

Copyright© 2019 St.Joseph's Primary School

下に専科というのがあります。本校でいう専科というのは、音楽、図工、体育です。その他に、副教材、最後に図書資料といったように、一つのユニットに対して、このようにカリキュラムを考えていきます。

　本校は、一条校ですので、学習指導要領の内容をここに入れ込んでいくわけなのですが、学習指導要領の内容を１回、ばらばらにします。ばらばらにして、この探究にはどの単元が関連あるかな、とパズルのように当てはめていきます。最初は、少しでも関係がありそうだったら、とにかく当てはめていく、という作業をします。実際に授業が始まりますと、探究をしていく中で、この単元はこの探究にはそぐわないとか、この単元をやることによって教科教育になってしまう、探究ではなくなってしまう、というように精査していくという作業を常に行っております。

　一番初めにつくったＰＯＩというのは、本当に無理やり全ての単元を入れていたので、全然探究的ではなく、探究という時間の中に国語、

算数、理科、社会という教科が入っていて、探究の時間を使って教科の授業をやっている、みたいな、そんな授業でした。そこから、今、5年たったのです

⑨ 4.Pre Planning会議	5.Planning会議
目的　価値の共有／方向性の決定 回数　6回／年 時期　Planning会議の前まで メンバー　各学年ユニットに関わる教員＋コーディネーター（4～5名）	目的　価値の共有／内容の確認 内容　①価値の共有 　　　②セントラルアイディア 　　　③サマティブアセスメントタスク 　　　④探究の流れ 　　　⑤リソース 回数　6回／年 時期　概ねUnit開始の1週間前 メンバー　2学年ずつユニットに関わる教員（8～10名）

Copyright©2019 St.Joseph's Primary School

が、やっと探究をするのに本当に必要な知識であるとか、スキルであるとか、そういったものを入れて単元を当てはめられるようになったのが、つい、本当にこの1、2年ではないかな、と思います。

この探究に入り切らなかった単元は、シングルサブジェクトとしてやっております。そのシングルサブジェクトの扱いですが、ただシングルサブジェクトとしてやるというのではなくて、私たちが考えるのは、この探究をやっている時間、期間に並行をしてシングルサブジェクトをやることによって、より探究が深まる場合というのも考えられますし、あとは、知識として、この知識はこの時期にやっといた方がいいのではないかとか、そのようなことを考えながらカリキュラムをつくっております。これが一番大変な作業ではありますが、一度つくってしまうと、それが、どんどんブラッシュアップして、毎年毎年更新されていくので、1年目は、とにかく単元を入れ込んでいく作業がすごく大変だったなと記憶しております。

ＰＯＩができますと、一つ一つのユニットをつくり上げていくという作業になります。まず本校ではプレプランニングというものを行っています。（⑨）目的としては、価値の共有、方向性の決定をしていきます。年に6回、六つユニットがあるので年に6回、プランニング会議の前までに行っております。メンバーは各学年、ユニットに関わる教員とコーディネーター4、5名で行っております。

ここで練った案をプランニング会議（⑨）に持っていきます。こちらは、価値の共有ですとか、内容の確認をするのですが、その内容と

いうのが、この１番から５番に書かれているものになります。時期としてはおおむねユニット開始の１週間前、メンバーは、本校では２学年ずつ、ユニットに関わる教員８名から10名で行っております。

このようにプランニングを通して、プランナー（⑩）をつくっておりますが、現在、新しいＰＹＰに合わせて改定中であります。恐

らく来年、今、本校に見学に来られてる先生は、このプランナーをお見せすることになると思うのですが、来年４月には新しいプランナーに変わっていると思います。

　ウイークリーミーティング（⑪）です。１週間の振り返りを目的としております。内容はこちらに書かれているとおりです。週に１回、メンバーは各学年、ユニットに関わる教員とコーディネーターで行っております。コーディネーターや専科の教員、ユニットに関わる教員は、必ず授業を見に行ったり、一緒に探究をしたりするのですが、本校は１クラス35名なので、担任の先生１人だとどうしても子どものつぶやきを落としてしまうことがあります。でも、その〝子どものつぶやき〟というのがすごく大切で、子どものつぶやきを、こちらのほうで拾っておいて、こういうつぶやきしてたよとか、ここのつぶやきから、こういうふうに展開できたよねとか、或いは、その場で、ここ

でこんなつぶやき聞こえましたとか言いながら、探究を広げていった
り、深めていったり、そのようなことをしております。補足として書
いておりますが、担任同士は探究の授業が終わりますと、必ず日々振
り返りを行っております。

　最後に、リフレクション会議（⑪）、こちらはユニットの振り返りを
目的としてます。各ユニットが終わりましたら、おおむねユニット終
了後１週間以内にリフレクション会議を行っております。内容は１か
ら４番ということになっております。メンバーはこちら、プランニン
グの会議と同じメンバーで行っております。

　このように一つ一つ、ユニットをつくっているのですが、一番初め、
ＰＹＰを導入するとなったとき、何から始めていいか全く分からなかっ
たのです。ただ、このように見てみると、どこの学校でも導入するこ
とは可能なのではないかと思います。多分ノウハウがなくて、何をやっ
たらいいか分からない、ただ真似するというだけは、うまくカリキュ
ラムがつくれないというのが、このＰＹＰの難しさでもあり、面白さ
でもあるかなと思いますので、ぜひ今日のお話を参考にしていただけ
たらと思います。

　話し足りないところはあるのですが、以上を持ちまして、本校の実践
事例の報告を終了させていただきます。ご清聴ありがとうございました。

◎一条校におけるＭＹＰ導入事例紹介

[市立札幌開成中等教育学校ＭＹＰコーディネーター　大西洋氏]
　　○プロフィール：東京学芸大学教育学部中等教育教員養成課程数学専攻修了。
　　現在、市立札幌開成中等教育学校でＭＹＰコーディネーター・数学科教諭を務
　　める。また、文部科学省ＩＢ推進教育コンソーシアムＭＹＰ部門のファシリテー
　　ターを担当。

　皆さん、こんにちは。市立札幌開成中等教育学校でＭＹＰコーディ

ネーターを務めております、大西と申します。本日は本校のMYPのプログラムについて、皆さまと共有させていただきたいと考えております。20分という短い時間ですが、お付き合いいただければと思います。よろしくお願いいたします。

まずは本校なんですが、平成27年4月に開校しまして、まだ5年目という歴史の浅い学校となっております。平成29年3月にはMYP校にIBのほうから認定を受けまして、昨年度の9月にはDLDPプログラムの認定を受けた、そんな歴史があります。(①)

こちら(②)は本校の教育目標なんですけれども、ちょっと変わった教育目標ですよね。ぱっと見た印象、いかがですか。この教育目標を見て、どんなことを感じられますか。実はIB校の学校教育目標は、IBの使命(③)、

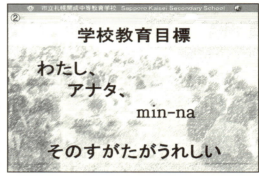

「考える力」

これとのつながりを反映したものというのが望ましいということになっておりまして、本校はこの教育目標、ひらがな、カタカナ、ローマ字というようなものを混ぜ込むことで、多様な文化の理解と尊重の精神というものを反映し、そして恒久の平和に貢献する若者の育成を目指しているところです。

ＩＢの中には、非常に重要な要素として、このプログラム中にも中心部分に、これは全てのプログラムの中心に位置付けられてるものですが、ＩＢの学習者像（④）があります。これはＩＢが非常に人間性を重視していて、子どもたちに知識・技能を身に付けるだけではなくて、人間性をはぐくむということを大事にしているということの現れなんですね。大切なことは、この中（⑤）にも書いてあるのですが、どうしても人間性というと、生徒に育むものというような考え方が一般的だと思うんですが、そうではなくて、ＩＢでは、学校のコミュニティー全員、つまり学校の関係者、教員も、保護者も、学校に関わる全ての人間がこの学習者像を育んでいこうと、そういうことをいっております。これが非常に大事なところでして、われわれ教える側の教員も常に人間性というもの、学習者像というものを考えながら、常に日頃の教育に当たっ

大前研一通信・特別保存版 Part.13　　155

このようなですね、IBの学習者像（⑥）というものが定められておりまして、これらを日頃の教育活動の中で、例えば学校の、あるいは施設の中に掲示をしたり、授業の中で、もしくは教育活動の中で適宜振り返らせたりするようなことで、生徒にこの人間性を育んでいるところです。

実際の授業を見ていきたいと思いますが、本校は、新学習指導要

領の新しい学力観を体現するような、課題探究的な学びというものを構築する、それを一つの使命としてやっています。その中で、IBのプログラム、特にMYPのプログラムとの親和性が高いものですから、MYPプログラムのフレームの中で、この課題探究的な学習というものを追求して、構築しているところです。

実際はどのように授業が行われているかということですが、どうしても課題探究的な学習というものを体現していく中では、グループディスカッションに基づいた授業が多くなってきますので、少人数の授業ですね、大体30人程度。時間が非常にかかりますので、100分連続の授業というものを保障して、この中でゆとりを持ちながら、生徒がさまざまな話し合いをしているところです。（⑦〜⑩）

「考える力」

実際、こんな様子で授業をしているんですが、生徒は、仲間や、時には教員とディスカッション、話し合いをして、知識を構成していく、そんな授業をやっています。そして構成された知識は、さまざまなスタイルの発表に基づいて共有されて、時には、この一番下の写真（⑩）が象徴してますけれども、これ地学の授業で、地震の縦波とか横波を、体を持って実感する授業です。縦波とか横波の知識を得たあとに、全員が手をつないで、実際、縦波、横波を体感し、知識を共有しているというのを表したものです。

　ＭＹＰの科目はですね、ＩＢでは、このスライドの左側の科目名で統一されておりまして、この８つを学んでいくことになります。（⑪）日本の一般の中学校では、音楽とか美術というのが二つの教科に分か

大前研一通信・特別保存版 Part.13　　157

れていますが、MYPの中では音楽、美術は芸術に統合されてます。右側は、MYPは高校1年生まで行いますので、高校の科目も含めて、それぞれ整合性が取れて、大体どの学校でも履修できるものになっています。

実際、授業をどのように行っているかという部分なんですが、例えば、学習指導要領上の国語ですと、読む、聞く、話す、書くというところに、その技能が焦点化されているんですが、IBの中ではこういった視覚的なコミュニケーションというものもはぐくむべきだというようなことがいわれてまして、例えば、やっと会えたねというような言葉でも、後ろの背景が違うと、だいぶ印象が違う。このような視覚的な伝え方の効果を認識して、それを効果的に使っていくような内容の授業もあります。(⑫)

「考える力」

これは音楽の授業なんですけれども、ＩＢの中では、概念といって、知識をより深く、より広く学ぶというようなことが行われてまして（⑬）、これは音楽の授業の中で琴の授業なんですけれども、日本の伝統の音楽に関して美しさというキーワードで生徒に問いを出しまして、探究の問いというような問いなんですけど、より深く知識を考えさせていこうということが行われています。実際、琴の用語に関しても、基本的なものとして学習していきますし、基本的な技能として、こういった琴の基本的な技能も学んでいくんですが、最終的に先ほどの探究の問いに照らし合わせ、さまざまな

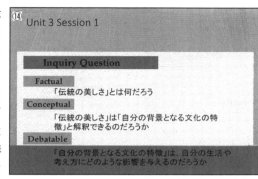

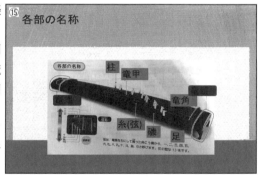

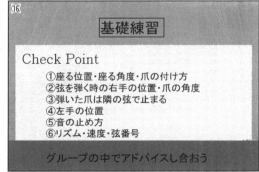

諸外国の伝統音楽と比較しながら、日本の伝統音楽の特徴、美しさというものについて視点を当てて学んでいくということが行われていま

す。(⑭〜⑰)

次に数学なんですが、数学では、ＩＢの中には評価基準の一つとして、数学的なコミュニケーションというものが存在しまして、これは日本の学習指導の中の数学的活動、その中で伝え合いというものが、今、クローズアップされていますけれども、そこに該当するものと捉えてもいいと思います。例えば、こんなことやってます。ブラインドトーク。(⑱)

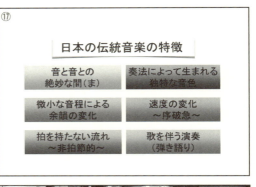

左上を見ていただくと、ペアになって、ついたてを立てて、片方の生徒が自由に好きな図形を組み合わせて並べるんです。その組み合わせた図形を、どのように並べられているか、どんなものが構成要素になってるかというのを、数学の言語を使って相手に伝えていく。伝えられた相手はそれを書き出していく、左下のように。そして正確に伝わったかどうかっていうことをやっています。こんなふうにして、数学の用語を用いたコミュニケーションという、そういった技能も育んでいくということを行っています。

　もう一つ、数学なんですが、日本の数学では、これまでうまくはぐくまれていなかった部分もあるんですけれども、ＩＢの中では非常にこの実生活での数学の応用というのを重視しておりまして、例えばで

「考える力」

すね、これ、江戸時代の数学書ですが、木の高さを測る方法ということで、これは相似の概念が使われてるんですけども、相似の概念について理解した生徒は、実際に写真のように校舎の高さを測るという活動において、自分の体を使ったり、さまざまな方法を工夫して校舎の高さを測るというようなことをやっています。(⑲)

次に物理なんですが、理科の中ではですね、すごく実験に重点

浮力の授業

を当ててる部分がありまして、定められた内容の実験をただ再現するだけではなくて、きちんと自分で実験の計画を立てて、失敗も許容した上で、そこから得られたものに関して自分なりに考察していくということを、よく行っています。これは高１の物理の授業なんですけれども、浮力の授業で、木片、さまざまな形の木片がありまして、それらがどのぐらいの重りを乗せたら水に沈むだろうというような予想を立てて、それを実際に浮力の式を使って子どもたちは予測をします。それが本当に合ってるのかどうかということを、実際に実験をして確かめていく。こんなことを授業の中で行っています。(⑳)

こういった形で授業が行われているんですが、ＩＢの授業の中で非常に重視されているのが、概念に基づいた学びというものなんです。

大前研一通信・特別保存版 Part.13　161

この概念とは何かというようなことなんですが、よく本校でも先生方から質問を受けるんですね、この概念とは、何なんだと。ガイドを見ると、非常にこういった、重要概念というような内容だったり、関連概念だったり、いろいろなことが書いてあって、捉えづらい部分があるので、私のほうでは非常に簡単な例として、こんなふうにお伝えしています。

これまでの日本の授業の中でも、授業がうまい先生、ベテランの先生というのは恐らく何かの知識を生徒に伝えるときに例え話をたくさんしたと思うんですよ。さまざまな他の文脈だったり、他の知識と結び付けて、例え話をたくさんすると思うんですけども、それが概念化の一つといっても差し支えないと思います。これまでの日本の中ですと、生徒が勝手に先生の様子を見て、自分でつなげられるようになるということはあったんですが、それが体系的に、計画的に学校の中で教えられてきたかというと、そうではないんです。そこをＭＹＰはこのような重要概念とか、先ほど申し上げました探究の問いなどを使って、計画的に、体系的に子どもたちが自分で例え話、もっと分かりやすい言葉でいうと、つながりを持たせることができるようにということです、現実の文脈や他の科目の内容とつながりを持たせるというようなことを重視しています。このような授業概念を使って範囲を狭めてやることで、非常に上手く子どもたちが概念化するプロセスを段階的に練習してはぐくんでいくことができる。こんなことがプログラムの中に定められています。

文脈に基づいた学びというのも、現実場面で、どのような場面で自分が学んでることが役に立つのか、行われているのか、そんなことをつながりとして認識するというきっかけを与えます。

ＭＹＰの授業の中では、学習の方法というものが非常に重要なものとして置かれておりまして、知識を学ぶ上では、その学び方とか、学んだ知識をどういうふうに活用していくかとか、ここにはかなりのスキルを要すると思うんです。これは新学習指導要領でいわれる資質・

能力にも相当してくるものだと思いますが、これまでの日本の学校の学びの中では、なかなかこのスキルに注目をして、それを体系的にはぐくんでいくというようなことは、なされていませんでした。

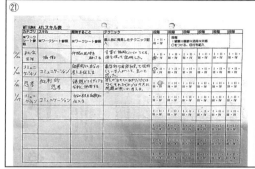

スキルをうまく使うことが子どもたちの学びに非常に大きな影響を与えるということは、ＯＥＣＤの調査でもいわれておりますので、その辺りを反映していくものが、この学びの方法となります。

本校にはＡＴＬのコーディネーター役をする教員がおりまして、月に１回ぐらいは子どもたちの学びの様子を、生徒間や教員間で共有してます。

各教科で、それぞれのスキルがどんな場面で具体的に働くのかというのを分析して、このような表を作って（㉑）、授業の中で子どもたちに意識させるということを行っています。授業の中で子どもたちは、それらの表に基づいて、自分はどのようにこの授業の中でスキルをうまく使えたかということを記録していきます。教科によっては、先生も一生懸命フィードバックを与えているものもあります。これ、非常に大変だと思うんですけれども、こんな取り組みをして、生徒のスキルを伸ばしています。

本校は６年間の継続した学びの中で動いておりますので、こういったポートフォリオですかね、１年生からずっとはぐくんできたスキルに関して、自分で記録を付けて、それを学びのプロセスジャーナルと称して位置付けていく、ということをやっています。（㉒）

アンケートを生徒に取ってみたんですけども、生徒の中では整理整頓する力、つまりセルフマネージメントの力、コミュニケーションス

キルが非常に重要だというアンケート結果が出たんですが、もちろん、どれかのスキルが高ければいいということではなくて、バランスよく全体的に使えるようにはぐくんでいくことが大事なのかなと思います。(㉓)

ＩＢの学びの中で非常に大事にされてるのが、知識は学ぶだけでは役に立たないということです。知識というのは、学んで、それを実際の場面で、地域や社会で活用して初めて意味を成すというような考え方がありまして、生徒はＭＹＰの学習の中で、毎年、最低１回は行動としての奉仕に取り組む必要があります。１年生では校内だったり、２年生では家庭や地域と、だん

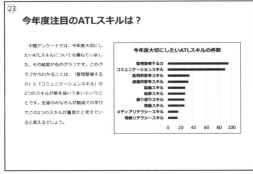

だんその範囲を広げて、子どもたちも徐々に外とのつながりをもっていくということになります。実際に行われているものの一つなんです

けど、札幌といえば雪まつりなので、ボランティアに参加しています。そのボランティアの内容はちゃんと記録をすることが求められます。プロセスジャーナルにしっかりと、自分は何をやったかというのを振り返って、記録をしておきます。（㉔・㉕）それらの振り返りに基づいて、自分がどんな成果を上げたのか、自分に何が身に付いたのか、どんなスキルをそこで使えたのか、伸ばせたのか、そういったことをレポートにまとめて、教員からコメントをもらうということをやっています。

　これは課題研究ですね。先ほどの奉仕活動もそうなんですが、MYPのコアの学習というのがありまして、MYPの中では先ほどの奉仕と、パーソナルプロジェクトという課題研究が求められています。このパーソ

ナルプロジェクトは、MYPの最終学年の高校1年生のときに行うものになりまして、これはMYPの総まとめのようなものです。どうしても課題研究というと、その成果に視点が当たりますし、そこに評価を、というような考え方になると思うんですが、このパーソナルプロジェクトのすばらしいところは、失敗してもいいんです。研究に対する成果に関してはほとんど評価しません。基本的に生徒がどのような計画を立てて調査をして、計画を立てて、実際にどういう行動をして、最後の振り返りで自分について自己分析できているか。そういったことをきちんとレポートに書いてあれば、評価は高くなります。生徒が自分のことをきちんと認識して、自分にどんなスキルが身に付いていて、何が足りないのかも含めて書いていくことが大事になってくるんです。(㉖・㉗)

実際にどういったことをやってるかというと、これはウミホタルという微生物なんですが、発光生物を社会の光源として活用する研究をしていたり、外国から生徒が来ることがありますので、そのとき日本のホームステイ先で、そこの親御さんが使うような英語フレーズ集を作ってみたり。あとは、和食と和菓子の魅力を外国人に伝えるような英語のレシピ集、パンフレット

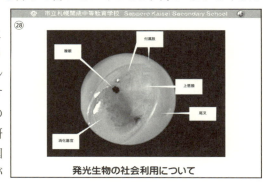

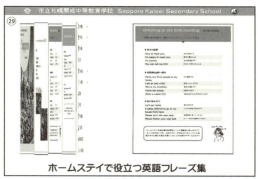

を作ったりしています。本校には、スペイン語ネイティブの先生方もおりますので、そのお子さんたちに日本の昔話を伝えるということで、スペイン語で日本昔話の読み聞かせを行うということもやっています。(㉘〜㉛)

和食と和菓子の魅力を外国人に伝える

つい先月ですね、金曜日に今年度のパーソナルプロジェクトの発表会があったんですが、私の担当している生徒の発表を見て、思わず涙が出てしまいました。本当にすばらしい発表をしていて。SDGsの目標を、水彩画をほとんどやったことがない生徒が絵画を作成して表すという内容だったんですけども、教室で1人、涙して、周りの保護者から「大丈夫ですか」なんて言われる状況がありました。そのぐらい、よいものです。子どもたちは非常によい学びをしているんじゃないかなと思います。(㉜)

スペイン語で日本昔話を伝える

大前研一通信・特別保存版 Part.13　167

短い時間なので、まだまだＭＹＰの内容というのはたくさんあって、本日お伝えできなかったところもたくさんありますので、今後、AirCampus上や、直接ご連絡いただいてご質問にお答えすることはできますので、興味が向いた方はぜひご質問をお寄せください。それでは、これで私の発表を終わります。ご静聴ありがとうございます。

◎一条校におけるＩＢＤＰ導入事例紹介

［仙台育英学園高等学校 ＩＢＤＰカリキュラムマネージャー 石田真理子氏］
〇プロフィール：東北大学教育学研究科（教育設計評価専攻）博士課程前期修了。仙台育英学園高等学校でＩＢカリキュラムマネジャー、英語教諭、ＴＯＫ、ＥＥコーディネーターを務める。文部科学省ＩＢ教育推進コンソーシアム、管理職部門のファシリテーターを担当。

　私、今ご紹介にあずかりました、仙台育英学園高等学校のＩＢＤＰのカリキュラムマネージャーをやっております、石田真理子と申します。本日は、一条校におけるＤＰの導入事例ということでお話をさせていただきたいと思います。

　本日の流れ（①）なんですけれども、まず１、２、３のところですが、大体、ＩＢＤＰというのはどういうものかということを短く概要をお話しさせていただいた後に、仙台育英学園への導入ということで、どのような取り組みをしているかということを、９番ぐらいまでお話しさせていただき、その後、私はＴＯＫも教えており、これがＩＢＤＰのコアになる科目

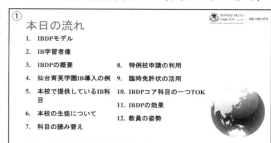

で、全ての基礎にもなっている科目でもありますので、そのことも少しお話しさせていただきたいと思います。それによって、生徒にＩＢＤＰを導入したことによって、どのような効果が得られるかということも、その後にお話しさせていただければと思います。

まず、ＩＢＤＰのモデルというのは、

このような図（②）になっておりまして、大学入学前の16歳から19歳の生徒が対象ということになります。今、お話しいただいた齋藤先生、ＰＹＰの事例と、ＭＹＰの大西先生お話しされた事例の、その後に、ＤＰになるかと思います。この中心に位置付いているのがですね、先ほど大西先生もおっしゃっておられましたけれども、この学習者像ということで、ＩＢの全てのプログラムに、これが中心になるということになっております。この中心の部分はＩＢの学習者像（③）がありまして、先ほど大西先生がおっしゃってましたＡＴＬという学習の方法、指導の方法、ＡＴＴも含めてなんですけれども、それがその周りに位置付いておりまして、また囲んであるのがコア科目といわれるもので、先ほどＴＯＫと申しましたけど、この知の理論というのが、theory of knowledgeということで、ＴＯＫといわれるもの、それが一つ。コア科目のもう一つが、課題論文ということで、extended essay でＥ

Eと呼ばれるものなんですけど、卒業時に生徒が書かなくてはならない論文が一つ。もう一つが、創造性、活動、奉仕の頭文字を取りまして、CASという、C、A、Sという、ボランティア活動などをしたりだとか、計画を自分で立てて、それをオリジナルな形で創造して、実際、奉仕につながるような、結局、どのような効果というか、自分が成長が得られたのかというものを示すという、このCASというのが三つです。これがコア科目ということになっておりまして、その周りにあるのが6科目ということになっております。全ての教科に相当するものです。数学であるとか、歴史であるとか、そういったものが、この周りに。あと、うちの学校で提供してるものは、またお話しいたしますけれども。そういうことを全てまとめてIBディプロマプログラムということになります。国際的な視野をこれで育成するというものになっています。

先ほどお話もしましたけれども、IBDPの概要（④）ということですけど、6科目とコア科目ということですね、その評価で成り立つということになっています。この6グループから三つ以上のハイヤーレベル（HL）の科目、そしてコア科目、残りのスタンダードレベル（SL）の科目を履修して、プログラムが2年間を使って履修するものです。推奨指導時間というのが、ハイヤーレベルの科目が240時間、スタンダードレベルの教科が150時間ということになっております。それに加えて、先ほど申し上げましたコア科目ということになりますけれども、TOKも2年間で最低100時間を推奨しているということで、CASの取り組みも、これは生徒が独自でやるものではありますけれども続けて最低150

④
3. IBDPの概要

- 6科目とコアの評価要件を満たさなければならない。
- 6グループから、3つ以上のHL科目、コア、そして残りのSL科目を履修し、プログラムの2年間を使って履修する。
- 推奨指導時間は、HLが240時間、SLが150時間である。
- それに加えて、以下のコアの要件が必要。
  a.「知の理論」TOK（2年間で最低100時間推奨）
  b.「CAS」の取り組み（最低150時間推奨）
  c.「課題論文」EE　選択できる科目からテーマを選ぶ
  　　　　　（生徒が約50時間取り組むことを推奨）

「考える力」

時間を推奨するということです。ＥＥに関しては、選択できる科目からテーマを選ぶということになりますが、これは生徒が約50時間取り組むということを推

奨しているということになっております。

　仙台育英学園高等学校のほうに導入した経緯ですが、2013年4月からＩＢＤＰの準備を開始いたしました（⑤）。教員はそれぞれＩＢの教えられる資格といたしまして、ワークショップを受けなくてはいけないということがありますけれども、そういうものを受け始めたりだとか、委員会を設立して、どのように進めていくのかということを始めたり、ということを2013年から始めまして、2015年の2月にＩＢＤＰの認定を受けました。普通だと、そこから、1年生から入れてＩＢの準備を進めていくとか、認定を受けてから3年間ぐらいの余裕があるとよかったのですがうちの学校の場合、2月に認定受けて、すぐに4月から始めるというような、結構、強行軍な始め方をいたしました。この時点で高校2年生からＩＢの授業を開始するというようなことで、日本語デュアルで開始をいたしました。日本語のＩＢを導入して始めたのは、本校と、沖縄尚学さんが最初ということで、そこは初めてということになります。

　うちの場合は、多賀城キャンパスと宮城野キャンパスという二つのキャンパスに分かれておりまして、もともと外国語コースという、うちは七つ、学校にコースがありまして、その中の外国語コースというところにＩＢプログラムを入れるというような形になりまして、そこから開始をしたということになりますが、もともと学校としての認定を受けさせていただいたということで、宮城野キャンパスのほうに秀

光中等教育学校とい
う学校も持ってまし
て、学校法人として
は同じなんですが、
そちらがMYPを始
めたのが2年前とい
うことになります。
そのMYPの生徒が

6

5. 本校で提供しているIB科目

グループ6	実施科目	使用言語	レベル
1. 言語と文学（母語）	日本語A（文学）、英語A（文学）、中国語A（言語と文学）	日本語/英語/中国語	HL
2. 言語習得（外国語）	英語A、日本語B	日本語/英語	HL
3. 個人と社会	歴史	日本語/英語	HL
4. 理科	生物、化学(秀光では生物のみ)	日本語/英語（化学は日本語のみ）	SL
5. 数学	数学	日本語/英語	SL
6. 芸術	音楽、美術（秀光では音楽のみ）	日本語/英語	SL
コア科目（1）	課題論文 (EE)	日本語/英語	
コア科目（2）	知の理論 (TOK)	日本語/英語	
コア科目（3）	創造性、活動、奉仕 (CAS)	日本語/英語	

2年修了というのが、今年の2年生になりまして、そこの秀光の生徒
も外国語コースの生徒と同様に、同じプログラムで、二つのキャンパ
スにまたがってはいるんですけれども、内容は全く同じプログラムに
して、先生がたは別々にはなるんですが、DPを導入するということ
になりました。

　この経緯につきましては、結構、マルティプルキャンパスで行うっ
ていう状況がですね、日本の学校としても珍しい例みたいで、そこを
認定してもらうというか、IB側にOKしてもらう、ちょっと、きょう、
いらっしゃるはずだったアシッシュ先生なんかが非常にご助力いただ
きまして、認めていただくというような形になりました。

　本校で提供しているIB科目ということで、ちょっとお手元の資料
（⑥）にはですね、抜けてしまっていますが、1番の実施科目のここ
まで行うものというところに、日本語と英語だけになってますが、現
在は中国語Aという、中国人の生徒も多く来ておりますので、中国語
Aも中国語で実施しております。HLと書いてあるのがハイヤーレベ
ル、SLと書いてあるのがスタンダードレベルということで、うちは
一応、外国語コースのほうは、文系の生徒が非常に多いというような
ことがありましたので、文系科目をハイヤーレベル、理系の科目をス
タンダードレベルというふうに想定してやっております。

　本校の生徒についてですが（⑦⑧）、どういった生徒が受けている
のかというと、1期生、最初8人から始まりまして、導入した当初は

認定を受けてすぐ２年生からということなので、候補校になった時点で学校の中では説明はしていたものの、結果もまだ出ていない、海のものとも山のものとも付かないものに、ＩＢプログラムを取るかどうかというのを決心した生徒たちもすごいなと思いますが、最初、８名から始まりました。最初、導入時は、現在のように認定の手引きというようなものが、日本語に

6. 本校の生徒について (1)

1期生（8名）全員日本の大学に進学。
　　　　日本人6名（シンガポールとのミックス含む）、中国人2名
2期生（8名）1名インドネシアの大学に進学した以外は
　　　　日本の大学に進学。
　　　　日本人4名（フィリピンとのミックス含む）、
　　　　インドネシア人2名、韓国人1名、ウガンダ人1名
3期生（14名）6名が日本の大学、それ以外は海外に進学。
　　　　日本人10名（カナダとのミックス含む）、
　　　　インドネシア人1名、中国人2名、セネガル人1名

6. 本校の生徒について (2)

4期生（21名）現在高3。
　　　　日本人13名（ペルーとのミックス、ロシアとのミックス、
　　　　フランスとのミックス、韓国からの帰国子女含む）、
　　　　カザフスタン人1名、インドネシア人1名、ウガンダ人
　　　　1名、タイ人2名、韓国人1名、中国人2名
5期生（21名）現在高2。
　　　　日本人18名（イギリスとのミックス、フィリピンからの帰国
　　　　子女、タイからの帰国子女含む）、中国人1名、韓国人2名

翻訳されてもいなかったので、ＩＢの資料というのは全て英語で書かれているわけで、その翻訳から全部、教員のほうで行い先生方にも伝えていくというようなことがありましたので、非常に苦労が絶えなくて、本日、参加されている星野あゆみ先生に何回も連絡をさせていただいて聞くというようなこともありました。

　最初の１年目、２年目は８名の生徒がいたわけですけれども、２年目ぐらいまではですね、ほとんど進学先が、いろんな、留学生も入ってるんですが、進学先は日本の大学がほとんどで、１人、２年目のとき、インドネシアの大学に戻った生徒もいますけれども、ほとんど日本の大学に行くということになりました。初年度のときも、海外にも行きたいな、ということも言ってることもありますが、結局は最終的には日本の大学にというようなことに落ち着いてしまっていましたが、この間、卒業した３期生が14名なんですけれども、このときから半分

ぐらいの生徒が海外に進学するというような形になりまして、少しず
つ海外への道もあると、本人たちもそれぞれ、そのような受け方もす
るようになってきました。

　4期生から21名、これが現在の高校3年生ですね。今回は結構、い
ろんな国から来てるんですけれど、今、進学を考えているというよう
なところで、まだ決まっていないというところも多いんですけれど、
どうなるかといったところです。5期生が、現在、高校2年生も21名
ということですが、こちらは結構、日本人の生徒が非常に多くなって
おります。留学生ももちろんいますが、日本の、しかも東北の地であっ
て、これだけ日本人の生徒もIBを取るように少しずつ変わってきた
かなというところが見られると思います。

　一条校でやっていく上で、科目の読み替えをどうしてるのかという
ことがあるかと思いますが、この科目の読み替えとして、平成27年
の学校教育法施行の規則の一部を改正する省令および国際バカロレア
ディプロマプログラムの認定校における教育課程の基準ということで
出されたのが、この科目の読み替えになっておりまして、うちの学校
もこれに従って科目を読み替えていたわけですが、現在は、このマ
セマティカルスタディーズもなくなりましたし、2020年から数学も
analysis and approaches とか applications and interpretations ですか、
その二つに変わっているということなので、多分、またこれに適応し
たものが文科省から出されるんではないかというふうに考えておりま
す。（⑨）

　これで読み替えている教科以外のものも、うちの学校の場合ですと
必要になってきました。（⑩）本校の場合は、歴史もIBでやっており
ますので、これを世界史B、日本史Aに読み替えるというようなこと
でやっております。あとは music と visual arts、これ、英語でやって
いるんですが、これも音楽1、美術1に読み替えるために、特例校申
請を出しまして、これもIBDPの授業を学習指導要領に準拠した形
で行っているということを示すための指導計画書を提出してやってお

「考える力」　●

ります。これも非常に、教科の先生は、大変な作業ではありましたが、これもやっています。

　先ほど、日本語と英語で全部の教科をうちの学校の場合、提供しておりますので、結構、外国人の先生を採用することが多いのですが、その際は、日本のインターナショナルスクールまたは海外の学校から採用すると

⑨

7. 科目の読み替え

マセマティカル・スタディーズ	数学I	
マセマティックス	数学I	文部科学省告示により、みなすことが可能。
フィジックス	物理基礎	
ケミストリー	化学基礎	
バイオロジー	生物基礎	
ランゲージB	コミュニケーション英語I	
セオリー・オブ・ナレッジ	総合的な学習の時間	
マセマティカル・スタディーズ	数学A	
マセマティックスSL	数学I、数学A、数学II	対応関係があることについて、文部科学省において確認済み。国際バカロレア・ディプロマ・プログラムの科目を履修する生徒の当該科目は、国際バカロレアディプロマ・プログラム高等学校学習指導要領の当該科目の履修とみなすことができるとするとともに、当該科目を履修し、成果をおさめている生徒について、国際バカロレア・ディプロマ・プログラムの科目を学校設定科目として開設することもできるものとする。
マセマティックスHL	数学I、数学II、数学A、数学III	
フィジックスHL	物理	
ケミストリーHL	化学	
バイオロジーHL	生物	
ランゲージB	コミュニケーション英語II、コミュニケーション英語II、英語表現I、英語表現II、英語会話	

文部科学省初等中等教育・高等教育局（2015）

⑩

8. 特例校申請の利用

・ **本校の場合**

　地歴　世界史B、日本史A　← IB History
　芸術　　音楽I　　　　　　← IB Music,
　　〃　　美術I　　　　　　← IB Visual Arts

IBDPの授業を学習指導要領に準拠した形で教科指導を行うように指導計画で示す

いう場合が多いので、うちの学校に来ていただいた際には、臨時免許状というのを取っていただきます。これが3年間有効になるわけですですが、これを取得して、日本の一条校で教える資格を取得してもらうということになります。もちろん、ワークショップなどには出てもらう、もしくはオンラインで取ってもらうということで、ＩＢの資格は取ってもらう必要はありますが、日本の学校で教えるために、このような工夫をしています。2回更新して、県の基準も満たせば、特別免許状ということで得られるということになりまして、うちの学校でも外国人の先生4名ほど、そのような方法で取っているということになります。（⑪）

　先ほど出てきましたコア科目の一つで、ＴＯＫというものですけれども、これについて少しお話ししたいと思います。ＴＯＫは全ての教科のＩＢＤＰ、ディプロマプログラムの中ではコアになる、もちろん

大前研一通信・特別保存版 Part.13　　175

● *21世紀を生き抜く*

基本になるものということがありますので、全ての先生たちにも浸透していく必要があるということなんですが、これは知ることについて知るという、知るプロセスであるとか、どこからそういった知識が来たのかというようなことを生徒に考えさせるということで、実社会の状況の例のトピックなどに対して、クリティカルにアプローチするという、批判的思考を養う、ちょっと哲学的な部分もあるようなものであります。知識に関する主張ですとか、知識に関する問いというようなものを使いまして、共有された知識、みんなが知ってる知識と、個人的な知識とのつながりなどというのも考えていくものです。(⑫)

　結局、どういうことなのかということを、TOK の中では、知識というのは地図のようなものだ、というような表現もしております。実際、目に見える社会というのは、実際の世界というのは、天気によって変

176　第3章：21世紀を生き抜く国際バカロレア（ＩＢ）教育の拡がり

わったりだとか、時間によって変わっていったりとか、人の見る目によって変わってくるものですけど、それを一般的な表示にすることで分かりやすい、世界を理解するのに役立つという、そういうものです。TOKはどんなふうにこういうものを評価するのかということですけれども、最終的にエッセーを書いてもらい、これは外部評価になりますのでIB側に送るものです。それとプレゼンテーション、これは内部評価といって、TOKを教えてる教員が評価して、それを出すもので、この比率というのが67パーセントと33パーセントの比重になっておりますが、このように評価をしていくというものになります。⑬

こういった授業を、授業の中ではいろんな事がらについてディスカッションをしたり、プレゼンテーションをしたり、リサーチをしたりと、いうようなことでやっていくということですね。

最後に効果なんですけれども、実際、

⑭ **11. IBDPの効果（1）**

英語の運用能力の向上

- 日本語デュアル→日本語使用生徒が英語で受ける授業は2科目（English B, Music or Visual Artsだけ）
- 各科目の中でディスカッション、プレゼンテーション、エッセイ執筆などあり、授業外でも質問など英語で実施
- IB2年の担任は英語ネイティブの教員

例）ある生徒は特に準備せず英検準1級合格

⑮ **11. IBDPの効果（2）**

自発的に動ける生徒

従来の日本の教育を受けてきた生徒に足りないもの
↓
積極的に自ら動ける態度

例）講演後、質疑応答の時間に手を挙げるのはIB生
（たいていの場合はサクラを仕込む等）
例）1、2期生が掃除班を作る

⑯ **12. 教員の姿勢**

- 教師も知らないことを言われたら喜ぶべき
「それってどういうこと？」と生徒に聞くことができる勇気が必要
上手く答えられなければ、みんなで調べるチャンス！
教師は教え込むのではなく生徒が課題に気づき協働しながら探究していくのを手助けする
→ファシリテーター

英語能力、日本語デュアルでやってて、どれほどの英語力が伸びるのかということになるかと思いますが、日本語デュアルであっても2科目はしっかり英語でありますし、その中にディスカッション、プレゼンテーション、エッセーの執筆などもあります。また2年生時は、担任の先生は英語ネーティブの先生がやっておりますので、何も準備もしなくても、英検の準1級ぐらいは取れてしまうようなこともあるということです。もちろん生徒によって違いはありますけれども。(⑭)

　効果といたしまして、自発的に動ける生徒が育つということがいえるかと思います。従来の日本の教育を受けてきた生徒には、積極的に自分から動くという態度がどうしても足りないことがあるかと思いますが、何かの講演なんかをしたときに必ず質問をするというのは、ＩＢＤＰの生徒だったりする、うちの学校の場合ですね、率先して手を挙げてくれたりする。大抵の場合、サクラを仕込んでおいたりするということもあるかと思うんですけど、そういうことをせずとも手を挙げてくれたり、あとは、何かやってねというような、頼んだときなども、掃除の班なんかも積極的にやってくれて、それを実際、実践してくれるというようなこともありました。(⑮)

　教員の姿勢としては、何か知らないこととかも、どんどん聞かれたりすることもあるわけですけども、それを答えられない場合も全然構わないというか、教員というのはファシリテーターであるということです。自分が何かを教えようということではなくて、自分は、生徒たちが気付いた課題を共同しながら探究していくのを手助けするという、そういう立場であればいいのではないかなというふうに考えます。それはＩＢＤＰの神髄じゃないかなというふうに考えます。(⑯)

「考える力」

3．ＩＢ導入体験談

◎ＩＢ導入Ｑ＆Ａ（Part 1）

［アオバジャパン・インターナショナルスクール、ＴＯＫ教諭、
文部科学省ＩＢ教育推進コンソーシアム事務局担当　小澤大心氏］

Q1

学校の紹介をお願いします。

A

アオバジャパン・インターナショナルスクール（以下Ａ－
ＪＩＳ）は、特定の宗教を持たない共学のインターナショナ
ルスクールとして 1976 年に開校。現在は練馬区光が丘（３歳〜 18 歳）
と目黒区青葉台（１歳〜６歳）の２つの校舎で、30 か国以上の国・地
域から集まった約 450 名の生徒がともに学んでいます。もともとＡ－
ＪＩＳの強みであった英語教育および日本語／日本文化教育に加え、
2016 年 Ａ－ＪＩＳは国際バカロレア（ＩＢ）のＰＹＰ（幼稚園／小
学校相当）、ＭＹＰ（中学校相当）、ＤＰ（高校相当）の全認定を取得
したＩＢワールドスクール一貫校です。卒業生は日本の大学も含む、
世界中の大学へと進学しています。

Q2

学校の教育理念に関して教えて下さい。

A

Ａ－ＪＩＳはグローバルな視座を持ち、思いやりがあり、
協力的で、そして学ぶことに深い喜びを感じ、リスクを恐れ
ず新しいことに挑戦し世の中を変えていくことができる生徒を育むこ
とを信条としています。学ぶ者のニーズを支援し、独自のものの見方

大前研一通信・特別保存版 Part.13　　179

を歓迎・尊重し、価値観を大事にした教育をもって、生徒ひとりひとりのために将来待ち受けるベストの状況を確保し、成功するため機会を提供しています。国際人になるために生徒ひとりひとりの可能性、潜在能力を最大限に引き出すことを重視し、貪欲に学習し、絶えず変化する世の中において常に意欲的にチャレンジする姿勢を育成しています。

Q3 小澤先生ご自身の教育方針を教えて下さい。

A ＩＢ教育に出会うまでは教師はある意味決まったレール、いわゆる学習指導要領の内容と教科書の進路と他の教員が教えている進路に合わせていく教育しか知らなかったです。日本の教育は、テストの為にどういったことを教員同士で足並み揃えてやらなければいけないかを考えて教育することが重視されていたと思います。しかし、一方でＩＢの授業の特徴は、日本の昔ながらの教育にみられる予定調和的なものではなく、もちろん知識をしっかり定着させるという授業はありますが、それとは別に自分自身の分析の視点をしっかり持った上で解釈を試みるという教育方針があります。例えば、文学授業の場合には、一つの文学に対しても、一つの視点だけでなく、生徒はそれぞれ多面的な切り口でその文学を読み、解釈、分析できる力が育まれます。そして、ＩＢではその多面的な学びをしっかり評価できる仕組みがあるという点で、ＩＢ教育は多様な見方や考え方を学べるということが担保されています。そういった意味では、自分が今まで受けてきた教育と比べて、非常に開けた教育だと思い、その点が日本の教育とＩＢ教育の大きな違いだと感じています。日本の授業の場合はテストのために、教員は逆算し、どういった授業内容をしなくてはならないのかを考え授業を構築し、予定調和的な授業になってしまい、100％答えが決まっているという前提の授業という傾向があり、10人が10人その回答に納得するような答えと評価を軸としたテスト

しか作れない教育になっていると感じます。まずはテストありきになっているのが、日本の今の教育だと感じます。大学入試においても、センター試験等、100％答えが決まっている入試が行われてきたのも、こういった日本教育の傾向があったからだと思います。これからの教育は、例えば、文学において、もっと自由な観点で作品鑑賞をし、作者の人生背景が作品に影響している可能性を考察したり、作品に対して多面的な見方をして、今までの日本教育のような一定の見解に必ずもっていかないといけないという堅苦しい教え方ではない、自由な思考を尊重する教育が必要だと感じています。今までの日本教育は一番妥当で一般的だと考えられるものは何でしょう？という考え方、周りを伺って、生徒はその方向に合わせていくという傾向がありましたが、それに窮屈さを覚えてしまうと何のための勉強だかも分からなくなってしまいます。ＩＢ教育はそうではなく、生徒それぞれ色々な見解があり、それを論理的に議論し、別の見方へも理解を示せる力が身につくというのがＩＢ教育の特徴だと思います。

Q4 A－ＪＩＳのＩＢ授業の特徴を教えて下さい。

A 　A－ＪＩＳは、異なるバックグラウンド、年齢、国籍、宗教の違いもある中で育ってきた多様な個性をもつ子供たちがＩＢカリキュラムの授業を通して、タテのつながりを重視した異学年交流のある教育が盛んである点が一つの特徴です。他学年と一緒に授業やフィールドワークを行うことで、年齢の違いや異なるバックラウンドの壁を越えて交流できる力が身に付きます。A－ＪＩＳでは異学年交流の授業を盛んにすることで、多様な見方・考え方・価値観を理解し、深めることが出来るＩＢ教育の良さをさらに効果的に引き出しています。それが個々のＩＢ授業での更なる深まりを促進し、生徒は自分とは異なる立場に身を置けることができるようになります。小4〜中2までは、リーダーシップキャンプがあり、異学年交流の場が必

然的に作られています。ＤＰになるとCAS活動で高校生が小学生や年少の子供たちに絵本を読んであげたり、遊びのサポートをしたりします。８月のサマーキャンプでも、年長学年が低学年の面倒をみたり、交流もあるのがＡ－ＪＩＳの特徴です。そういった異学年交流がないと、人とのふれあいや関わり合いが、狭いコミュニティーになりがちですが、Ａ－ＪＩＳはそういった点が異学年でも開かれていて、ある意味アットホームだと思います。

Q5
ＩＢ導入をして生徒、教員、学校全体はどのように変わったと思いますか？

A
ＩＢ導入後は生徒ひとりひとりがなぜ、今、この勉強をしているのか考え、学習の意義を考えられるようになっています。また、Ａ－ＪＩＳは学習ポートフォリオ（学びの履歴）を大切にしているので、毎回ポートフォリオづくりをしながら、今月どんな勉強をし、それが何のために学んだことだったのかなど、学習の振り返りの機会があります。テストより学びの過程を大事にし、学びの意味の構築を図っています。日本の従来の教育では、日々の学生の様子や成績など子供の情報を先生が保護者に伝え、家庭での子供の勉強の様子や生活については保護者が先生に伝え、子供本人はそれを確認するという形式が一般的に行われてきました。しかし、Ａ－ＪＩＳの三者面談（３wayconference）は、生徒がポートフォリオを使って今まで自分が何を勉強してきたのかということを子供本人が保護者に説明します。先生はあくまでオブザーバーの立場。保護者は子供がきちんと説明できているかをみて、出来ていなければ質問をして、どんな風に学習してきたのかを子供に説明してもらいます。なので、子供たちは必然的にその活動を通じて、自分の学びにきちんと意味を持たせて理解していきます。ＩＢ教育の中で学びの構築の観点から、ＩＢ校では必ずポートフォリオ作成は行われていますが、三者面談で子供自身が説明するという方式をとっているのはＡ－ＪＩＳの特徴だと思います。

『考える力』

　教員にとってはＩＢ導入により、決まった教科書と試験で進めていく今までの日本教育の方法が良いと考える教員は変化を求められます。ＩＢでは教科書を使うこともあれば、別の資料を教材として使うこともあり、特定の教科書に従うことはＩＢが求めている教育ではないからです。教員もＩＢによって成長できます。

　また、ＩＢ導入で良かった点は海外ではＩＢを導入している学校が多いため、そういった海外のＩＢスクールからの転入生を受け入れやすくなった点も良いと思います。ＩＢ校は国や地域が変わっても同じ教育的な価値観の中で、転入生に対しても同様の教育を展開していけるので、子供たちにとっても、教員にとってもスムーズな学習展開が実現できています。

Q6
ＩＢ導入のための最初の一歩は何でしたか？

A
まずは教員研修。研修でＩＢについてよく理解してもらい、同じ価値観でかつＡ－ＪＩＳのこれまでの教育の良さも取り入れてやっていきましょう！という教育に対する共通の理念と教育の方向性の確認をすることが大切です。
教員間で丁寧にＩＢ教育の価値観の認識のすり合わせを行っていくことで、現場の教員のチームワークも高まっていきます。

Q7
ＩＢの導入には様々なコストがかかりますが、それに見合った教育成果はどんな点で感じますか？　ＩＢ導入に向けて行った設備投資や教材改革はどのようなことを行いましたか？

A
Ａ－ＪＩＳは、ＩＢ導入にはコストもかかりますが、それに見合うだけの教育効果はみられていると感じています。デジタルホワイトボードの導入やインターネット接続環境の徹底などをはじめ、学校内のＩＣＴ環境の充実をはかりました。ＩＢ認定のために必要な学校設備の具体的な内容はＩＢ機構の手引きにも明示されて

大前研一通信・特別保存版 Part.13　　183

います。Ａ－ＪＩＳでも、理科室の設備を整える際には、実験が安全に行えるように改修工事を行いました。

また、Ａ－ＪＩＳはＩＴ機器を全学年で取り入れたため、幼稚部や小学校低学年でも、ＩＴ活用スキルが早いうちから高まっていると感じます。ＩＢ導入には様々なコストがかかりますが、その取り組みに対しては、様々な波及効果が期待できます。

Q8 ＩＢ導入に向けて苦労した点とその克服方法は？

A 　ＩＢ教育を受けていない先生がＩＢ理念をよく理解すると同時に、それをどのように授業に落とし込んでいくかというところで、先生方が特に苦労する部分が多かったと思います。ＩＢ教育を受けたことは無いが、その教育に価値を感じてはいてもＩＢ授業をすぐに実践することは難しく、授業を進めていく中でも、常にＩＢについて教員も学習していかなければなりません。

Ａ－ＪＩＳはＩＢ公式のワークショップに行く機会を多く設け、学年チームでＩＢのシラバスや単元づくりをするなど、教育研修が充実しているので、先生が自分ひとりで悩み抱えることではなく、チームとして、学校全体として研修に向き合う機会が多くあります。それが苦労はありますが、教員としても励みにもなっています。

Q9 Ａ－ＪＩＳ生徒の英語力レベルはいかがですか？

A 　基本、日本語の授業以外はすべてコミュニケーションは英語で行われ、日常会話とアカデミックな学習もすべて英語。入学時K3～K5（幼稚部）は英語力の可否は問われません。幼稚部では英語サポートのクラスは無く、全生徒がイマージョンで学ぶため、英語が話せても、話せなくても、同じカリキュラムで同じ先生、生徒と過ごします。日々の学校生活の中で、身の回りのことから自然と英

『考える力』●

語が身についてくる形になります。G1（小学1年生）からは、英語力の足りない学生には、英語サポート専任の教師がついて子供たちの語学力をあげるサポートを行います。サポートを受けないクラスに入るには、英語圏の小学1年生レベルの語学力が必要になります。英語サポートを受けられるのはクラス人数の約30％と決まっているため、入学する際に英語力が不足している場合、入学の間口は狭くなると言えます。

Q10
A-JISの入試はどのようなものですか？

A
A-JISの入試は、面談と英語力試験があります。但し、英語力試験は、その結果が入学の合否に100％直結するものではなく、入学後に英語サポートが必要になるかどうかの語学力をチェックすることを主な目的とした試験です。万一、英語サポートが必要と判断され、その入学クラスでサポートを受けられる学生の割合が30％以上になってしまう場合には、入試でパスをしたとしてもウェイティングリストに載ることになります。入試は書類選考、面談、英語力試験などすべてを含む、総合的な審査により、入学合否が決まります。A-JISは保護者や子供たちと面談することで、書類では知りえない部分もお互いに理解し合えるため、面談を大切にしています。

Q11
保護者の声は？

A
PYPを終える段階の保護者が相談にいらした際、他の中学校への進学も検討しているので、他の日本の中学の学校説明会へ行き、授業見学をしたそうですが、日本の学校の授業が息が詰まりそうで、子供は絶対に行きたくない！と言ったという話をうかがいました。その見学へ行った日本の学校で、質問や意見を教員が生徒に確認した際、しんとして誰も発言しない様子をまのあたりにして、

大前研一通信・特別保存版 Part.13　　185

クラスで自由に発言したり、考えても良いという授業環境が担保されていないという印象を受けたと聞きました。ＩＢの授業を受けてきた子供にとっては、多様な視点で考える意味のある学習や発言を受け入れてくれるクラスの雰囲気であったり、学校環境を欲しています。結果的に進路相談をした生徒は、他校へ行かずに、Ａ−ＪＩＳでそのまま進学を決めました。なので、保護者も初めて子供に進路選択の機会を与え、他の学校と比べてみて、Ａ−ＪＩＳの教育でこういった部分が育ってきていたのかということや、Ａ−ＪＩＳの教育の良さに改めて気づくことが出来たとおっしゃっていただきました。進路選択はそれぞれの段階で色々と悩むけれども、その都度、Ａ−ＪＩＳでの教育で生徒ひとりひとりが身に着けてきたものであったり、安心して学べる環境が担保されているということを実感するという保護者の声が多くきかれます。

Q12 ＩＢ校卒業後の進路の傾向は？

A

Ａ−ＪＩＳの卒業後の進路は大学から専門学校から様々。ただポイントは生徒が何をやりたいのか、生徒が自分の自己実現のために最適な進路は何かを自身で考えた上で、それぞれの進路に進んでいくので、いわゆる規定の附属大学のようなエスカレーター式を推奨するようなことはありません。Ａ−ＪＩＳの生徒は、個人個人が自分で何をやりたいのか、将来どうなっていきたいのかということが見えてる生徒が多いです。見えてない生徒でも、今ある現状の中で、今ある自身の興味関心とやりたいことが結び付けられるのであれば、それに沿った形で進路選択をしている特徴があります。あまり、まわりに流されている感じはありません。日本の学生のように大学受験をする際に、一つの大学のいくつも異なる学部を受験し、通った大学へ行くという学生もいるとききますが、Ａ−ＪＩＳの生徒は少なくとも、そういった形での進路選択はしません。

「考える力」

　Ａ－ＪＩＳは、保護者が子供の進路のために色々な学校情報を調べ、子供に提供しなくても、生徒は自分で考えて、自分が将来こういうことをやりたいということをきちんと保護者へ伝えられるような子供に育つ傾向があると思います。ただ、当然、そこは保護者が子供になって欲しいと思う職業とは必ずしも一致しないこともあると思います。しかしＡ－ＪＩＳの生徒の場合は国籍も様々なので、卒業したら自国へ帰る生徒もいますし、進路は様々ですが、一人一人が自分の人生を歩んでいくという姿勢があります。

Q13
これからＩＢ導入を志す方へのメッセージは？

A
　まず、ＩＢの教育理念と現状の学校理念を比較し、ＩＢを導入することで学校がより良くなっていくと考えられる場合には、是非、導入に向けて大きな一歩を踏み出して欲しいと思います。そして、同時に同じような苦労を経てＩＢ導入をしてきている学校の事例も沢山出てきているので、参考していって頂き、是非、新しい拓けた国際標準の教育にチャレンジして欲しいと思います。

◎ＩＢ導入Ｑ＆Ａ（Part 2）

［茗溪学園中学校高等学校校長　田代淳一氏］

　○プロフィール：筑波大学大学院修士課程教育研究科修了、茗溪学園中学校高等学校教諭、教頭、副校長としてSSH指定やＩＢＤＰ認定に尽力、現在、文部科学省ＩＢ教育推進コンソーシアムの管理職部門のファシリテーターを担当

Q1
学校の教育理念に関して教えてください。

大前研一通信・特別保存版 Part.13　187

A 人類ならびに国家に貢献しうる、世界的日本人を育成すべく、知徳体の調和のとれた人格を有し、特に、創造的思考力に富む人材を育成するというのが教育理念です。

Q2 ご自身の教育理念を教えてください。

A 常に、何事にも自分の考えを常に持ち、その考えを他の人に分かりやすく伝えられる、伝える勇気を持つ子どもを育てるということが一つ、もう一つは、発想の元に常に世界の平和を置いて物事を考えたり、行動できたりする子どもを育てたいというのが、私の教育理念です。

Q3 ご自身の学校の、ＩＢ事業の特徴を教えてください。

A 科目的には、Environmental Systems and Societies、ESS とか、あとは Film のような、ちょっと特徴的な科目を選択科目で置いているというところになると思いますが、スーパーサイエンスハイスクールの指定を長く受けてきております。学校全体のコンセプトとして、探究活動を重視していくということもありますし、本校は開校以来、課題研究を全員が一テーマで取り組んで論文にまとめるということを続けている学校ですので、その辺はＩＢコースの子どもたちも自然に身につけて取り組んでおり、そのような影響で特徴が出ているかなというふうに思っております。

Q4 ＩＢを導入してから、学生生徒の皆さん、教員の方、学校全体はどのように変わりましたか。

A 一番変わったのは教員です。教育実験校ですので、常に子どもたちに今、必要な教育は何かということを教員の中で検討しながら進めているわけですが、特にＩＢの理念や教育方法を研修

188　第3章：21 世紀を生き抜く国際バカロレア（ＩＢ）教育の拡がり

で受けてきて、今まで私たちが行っていたのとは少し違う視点での教育方法に触れて、教員自身が、教育改革、指導法の改革の意欲が高まり、学校全体として学習改革に取り組んでいるところです。特に教育実験校としては、ＩＢの教育の優れた点を、日本の教育の部分にどう融合させていくかということを全員のテーマとして取り組んでいるところでもあり、教員に大きな変化が起きているということは言えると思います。子どもたちはもともと、自分たちで資料を調べてフィールドワークも行うような、そういう活発な取り組みをしている学校でしたので、ＩＢコースの生徒たちは、より一層それを自立的、自発的に行っており、全校集会で発表したり、また全校に色々なプログラムの呼びかけをしたりもしてますので、そういう点で、他の生徒たちにも刺激になっていると感じています。

Q5 ＩＢを導入するための初めの一歩はなんでしたか。

A 本校は、40年前の創立のときから、ユナイテッドワールドカレッジ（ＵＷＣ）に、経団連の奨学金をもらって留学生として送り出すということを続けており、多分、日本国内で最も多く、ＵＷＣに経団連奨学生を送り出している学校だと思いますが、その頃からユナイテッドワールドカレッジで行われているＩＢ、ＤＰの素晴らしさは、学校として認識をしておりました。いつかこのＵＷＣのようなＩＢの教育をやってみたいという考えはあったわけですが、英語、フランス語、スペイン語でないと実施できないという時期が長かったので、そうなってくると、日本の教育に取り入れるスタイルとしては、ちょっと取り入れにくいという思いがありました。この度、日本語で教えられるということになり、我々、日本人教員がこれに関わっていけることになり、これであれば、我々のミッションである教育実験を行って、その成果を普及することができるだろうと考えて、ＩＢを導入していこうという決断をしたという経緯です。

大前研一通信・特別保存版 Part.13　　189

Q6

ＩＢの導入にはさまざまなコストがかかりますけれども、それに見合った教育成果はどのような点で感じますか。導入に向けて、どんな設備投資とか教育改革を行われましたか。

A

ＩＢのためだけというわけではないですが、一つ教室棟をつくりました。これは、ＩＢコースを更に付け加えることによって、少人数クラスでの授業が増えてくるので、教室数が必要になったということから新しい棟を建てました。もともと校舎全体にはＷｉ‐Ｆｉを入れておりましたが、その棟にもＷｉ‐Ｆｉを入れるという点とか、従来持っていた物理化学生物地学の実験室の他に、実験のプログラム、時間帯がぶつかったときも考えられるので、専用の理科実験室を一つ、更に造ったということです。そういう点ではコストがかかりましたけれども、ＩＢのためだけというよりは、これからの変化していく教育に対応する意味で必要な投資だという点で、納得をしてもらっているところです。何よりも、私立学校ですので、特徴をどう出していくかというところ、地域の方々から、いい教育をやっている学校だというふうに認めてもらうことがどうしても必要になってきます。多くの学校ではグローバル教育とか、あとはアクティブラーニングを積極的に導入するとか、様々な工夫をされているところだと思いますが、実はＩＢを導入するということは、そのようなことを実質、全て含んでくるんですね。ＩＢはアクティブラーニングの究極の姿でもありますし、そこで育った子どもたちは遠慮なく海外に出て行くでしょうから、そういう点で本当のディスカッションの力も含めた、トップクラスの力を十分に持った、グローバル人材として育っていくでしょうし、また、それを見ている中学生や、ＩＢコースではない子どもたちも大きな刺激を受けていくでしょう。そういう点では非常に大きな教育成果は上がっているというふうに思っておりますので、費用対効果という面からも十分、投資した分の効果は得られていると考えております。

「考える力」　●

Q7
ＩＢ導入にあたり苦労された点、それをどのように克服されましたか。

A
最も大変だったのは、職員全員の合意と納得を得るというところです。もともと新しい教育をやるというコンセプトを持った学校なので、我が校を選んで教員になってくださっている方々の多くは、自分なりのやり方や、新しい方法をやってみたいという気持ちを持っている方々でしたので、そういう方々に対して、このＩＢの教育がいかにわれわれの目指している方向に沿ったものであるのかということを、心の底から納得してもらうのに時間がかかりました。まずは何人かの先生でワークショップに出てもらい、その成果を職員会議でみんなに伝えるということを粘り強くやっていきました。最終的には、教育の素晴らしさを全員が納得しましたので、特に日本の普通の教育も大事にしながらやっていこうと考えており、そうなると、部活動とか様々な校務分掌も日本の学校として重視しながらやっていくＩＢのプログラムだと、今日は大会の引率だから自習にするなどということはできないですね。または、ＩＢを担当している先生が体調を崩すこともあり得ますから、そうなると、例えば日本語科目を担当する先生でも、1教科に1人か2人の先生を決めておけばいいということではないんですね。交代できる、誰もがいざとなったらＩＢを教えられるようにする必要があると考えています。導入前の最終的な職員会議で決まったことは、教員全員でＩＢを教える資格を取ろうということになり、体育の先生でもＣＡＳなどもありますから、何らかの関わりができていけるということで、最終的には全員をＩＢ教員としてやっていきましょうという合意を得て、ＩＢ教育へとスタートしてきています。

Q8
生徒の皆さんの英語レベルはいかがですか。

大前研一通信・特別保存版 Part.13　　191

A 一つは、本校の方針として、日本語科目であっても、英語のテキストを使っています。日本語科目の場合、生徒は英語で予習をしてきて、授業では日本語でディスカッションをするというようなスタイルでやっております。English Bでは、ノンフィクションや文学も扱うため、語彙の幅がとても広がっているようです。また、ブログとかフォーマルな文書を書くトレーニングもやっているため、より実践的な力がついていると思います。そういう面では英語力が上がっていると言われるのではないかということを、担当の教師から聞いてきております。もともと帰国生受け入れ校で、英語力は非常に高い生徒も入学はしてきていたわけですが、このＩＢの授業を受けることで、従来の読みや文法とかの深い部分を知るということ以外に、実用的な力と語彙力が広がってきているということを考えると、力がついてきていると言えるのではないかと思います。

Q9 ＩＢコースの入試はどのようなものですか。

A これもだいぶ検討いたしまして、日本語ＰＬＤＰ、デュアルランゲージディプロマを行うということで、英語だけではなく日本語でも深い運用能力が必要になってきます。このプログラムで子どもたちに力をつけさせていくためには、英語、数学、日本語、三つの力が一定以上に必要であろうということになりました。附属の中学から内部進学を希望する生徒に対しては、中２と中３の英数国の成績で選考し、外部から高校入試でＩＢコースを受験される方にはやはり、英数国３科目を入学試験で受けてもらう制度にしております。これは実は、本校は開校以来帰国生受入校ですので、海外の現地校やインターナショナルスクールから受験される場合の学科試験は、英語のみにしています。しかしＩＢコースを希望される場合は英数国の３科目を受けてもらっています。

『考える力』 ●

Q10 保護者の声はいかがですか。

A 保護者との面談で多く聞かれるのは、子どもの声として、大変だけれども、勉強がすごく楽しいということです。学ぶことが楽しくなり、満足しています、という声が殆どですね。もともと部活動が大変、盛んな学校で、スポーツだけでなく、芸術のレベルも少しは有名な学校でもありますから、本校に入学する生徒たちは部活動がやりたくて入って来てる子が殆どです。そこでIBコースを開設するときにも、IB生の部活動への関わりをどうするか、結構、議論しました。そして通常コースの生徒と同じように部活動もやりながらIBの授業にも挑戦させようということになりました。今、IBコースにはラグビー部で全国大会で花園で活躍したり、吹奏楽部で一生懸命活動したりしている生徒もいます。そういう生徒は時間を本当にうまく使わないと、予習もできなくなります。そういう非常に忙しいながら、学校で学んでいることはとても楽しい、毎日、学校に行くのが楽しみという声も聞いています。保護者にも満足してもらえているんじゃないかと考えています。

Q11 生徒の皆さんの、卒業後の進路の傾向はいかがですか。

A 今の高校3年にあたるIBコースの生徒が第1期生になります。まだ進学結果は出ておりませんが、特に1期生は人数が多くはなく13名のクラスです。そのうち、4、5人が海外の大学を希望しています。数名が海外専願、残りの生徒が内外併願という状態です。

Q12 IBの導入を目指す方へのメッセージとなります。

大前研一通信・特別保存版 Part.13　193

● *21 世紀を生き抜く*

A IBの教育のもっとも素晴らしい点は、これを学んだ子どもたちが、大きな勇気を身につけていくことだと思います。どんな世の中、どんな世界になっても、IBを学んだ子たちは自信を持って、勇気を持って生きていく、そういう子どもたちになっていくところだと思います。これは、そういう子どもたちを育てることをできる教員にも、大きな喜びになっていきます。後悔はしないと思いますので、ぜひ思い切って導入を踏み切ってみてください。

大前研一通信

大前研一の発信が凝縮した 唯一の月刊情報誌

大前研一通信は、最新のビジネスに直結するテーマはもちろん、政治・経済、家庭・教育の諸問題からレジャーまで、様々な記事を網羅し、各方面の読者の皆様から「目から鱗」と多くの支持をいただいている大前研一の発言や論文をまるごと読むことができる唯一の会員制月刊情報誌です。

「PDF版」、「送付版」、「PDF+送付版」の3つの購読形態があり、ネットで参加出来るフォーラム「電子町内会（エアキャンパス）」のご利用も可能。

特にPDF会員の方には、エアキャンパス内での記事速報もご覧いただけます。

激動するビジネス・社会の諸問題に鋭く切り込み、ブレークスルーする処方箋まで具体的に提示する記事など、これからの激変する時代の羅針盤として、まずは「大前研一通信」のご講読をお勧めします！

大前研一流の思考方法をゲット！

サービス内容／購読会員種別		PDF会員	送付会員	PDF+送付会員
大前研一通信（お届け方法）	PDF版ダウンロード 5日発行にて専用URLにUP	○		○
	印刷物 10日発行		○	○
エア・キャンパス AirCampus	・大前研一通信記事紹介閲覧(PDFデータ等での)速報	○		○
	・フォーラム参加(ディスカッション参加・閲覧)	○	○	○
	・ニュース機能（RSSリーダーで情報を入手）	○	○	○

◎ スマートフォン他、携帯端末でも気軽に読める
【大前研一通信デジタル (Lite) 版】＊関連映像が見れる！（動画版もあります）

■ ＊ Newsstand、＊ Fujisan.co.jp、雑誌オンライン： （年間、単月購読）
■ Kindle版、Kobo版、iBooks： （単月購読）

＊デジタル (Lite) 版では、著作権等の都合により、送付版、PDF版に掲載される記事が一部掲載されないページがある場合がございます。

掲載記事の一部や上記の関連情報を下記でご覧になれます。

大前通信の情報誌	http://www.ohmae-report.com
フェイスブック	https://www.facebook.com/ohmaereport
POD (プリントオンデマンド) 版	A4判約40ページ【大前通信VOL オンデマンド】で検索

大前研一通信
http://www.ohmae-report.com/

■お申し込み・お問い合わせ先
大前研一通信事務局　〒102-0084 東京都千代田区二番町3番地 麹町スクエア 2F
フリーダイヤル　0120-146-086　FAX:03-3265-1381
E-mail：customer@bbt757.com

21世紀に必要な「構想力」を鍛える
リカレントスタートプログラム

撮影/太田真三(小学館)

ビジネス・ブレークスルーのメソッドを凝縮した、
学びの第一歩を踏み出すための3ヶ月間短期集中プログラムをご用意しました。

～ あなたに変化をもたらす、3つの特徴 ～

✓ **先鋭の起業家から「構想力」のヒントを得る**
大前研一も学んでいる起業家の講義から、21世紀に必要なビジネス力の気付きを得ます。

✓ **「あなた」に合わせたテーラーメードのカリキュラム**
6,000時間以上の珠玉のビジネス講義から、世界に1つだけの専用カリキュラムをご作成。

✓ **「答えのない問題」に対する解決力が身につく！**
BBTが運営する日本No.1のオンラインMBAも採用する、超実践型のケーススタディにチャレンジ！

「リカレント・スタートプログラム」詳細・お申込
（年4回開講／オンライン＋リアルワークショップ(任意)）
https://www.bbt757.com/recurrent/start/

あなたの「時代を生き抜くビジネス力」を無料で測定！
BBT「リカレント診断」

ビジネス・エキスパートのべ4万人が受検したBBT「MBA診断」のデータを基に、
あなたの「時代を生き抜くビジネス力」を測定する「リカレント診断」を開発いたしました。
ビジネスの「スキル・知識」「行動・志向性」「質問票」（アンケート）に答えることで、
時代の変化に合わせて、自分自身をアップデート出来ているかを診断します。
自分自身の「学び」を振り返るきっかけとして頂ければ幸いです。

BBT「リカレント診断」はこちら
（所要時間 約15分。無料）
https://www.bbt757.com/recurrent/campaign/

■おことわり： 本「リカレント診断」は、あくまでも皆様に楽しんでもらいつつ、気づきを得ていただくことを前提に開発しております。
また、点数化をしやすいよう知識面を多く記述していますが、実際のビジネスは知識よりもアウトプットが重要です。アウトプットを重視する
BBTの各リカレント教育プログラムの内容を直接表したものではありませんので、ご了承ください。

【お問い合わせ先】ビジネス・ブレークスルー リカレントプロジェクト事務局　　Mail：recurrent@bbt757.com

海外ビジネスで結果の出せる英語力を

英語とビジネスが同時に学べる **PEGL [ペグル]**

「なりたい自分」から選べる多彩なコース

初級コース

まずは英語の苦手意識を克服したい

英語が苦手な方向けのブリッジコース。苦手意識を払拭するために「英語の学習方法を学ぶこと」からはじめ、単語、発音、文法などの基礎力を徹底的に鍛えます。

受講料 | 22万円(税抜) / 1年間

中級コース

円滑なコミュニケーション力を身につけたい

より相手に伝わる電話対応や英文Eメールなど、実践で使える英語スキルとグローバルビジネスの環境に対応できるマインドセットを学びます。

受講料 | 27万円(税抜) / 1年間

上級コース

MBA基礎や交渉スキルなども体得したい

プレゼンや交渉、MBA入門やリーダーシップの基礎など、実際のビジネスシーンで求められるワンランク上の英語コミュニケーションスキルの修得を目指します。

受講料 | 40万円(税抜) / 1年間

ビジネス即戦力トレーニングコース A/B

短期集中で学び、現場の即戦力になりたい

「今すぐ英語が必要」という方に、中学・高校で学んだ英語の土台を元に現場で使える実践スキルを厳選。従来よりもアウトプット科目を強化しています。

受講料 | 15万5千円(税抜) / 6ヶ月間

リーダーシップ力トレーニングコース

異文化環境でチーム/相手を動かしたい

国ごとの文化・価値観の多様性を理解し、明確なビジョンと行動指針を示しながら現場・チームを牽引するための実践スキルを体得します。

受講料 | 60万円(税抜) / 1年間

マネジメント力トレーニングコース

スピーキングを飛躍的に伸ばしたい

マネジメントシーンで直面する様々な課題を英語で解決し、論理やニュアンスを備えた戦略的なコミュニケーションスキルを体得します。

受講料 | 35万円(税抜) / 1年間

PEGLの特長

受講者数
11,000名以上

平均年齢
41歳

すでに仕事で英語を使っている人
60%

TOEIC® スコア平均
200点 UP

受講生の声

学問としての英語より、実践を目指す講義内容がPEGLの魅力

PEGLは一貫して「ブロークンでもいい、結果を出すことがゴールなんだ」と言ってくれたことが励みになりました。日本人は「失敗したくない」「恥をかきたくない」という人が多いと思いますが、アウトプットを何度も重ねるうちに感覚が磨かれ、自信がつきます。問題集の英語ではなく、生きたビジネスの内容で学べるのもすばらしいですね。

株式会社エヌ・ティ・ティ・エムイー ネットワークマネジメント部門 岩本 篤也 様

「リアルな世界」を知る講師からグローバルビジネスの型を学んだ

PEGLの講師陣は、大前研一さんをはじめ、全員が英語を使ってグローバルビジネスの世界で活躍されている方たちです。「ビジネスのリアルな世界」を理解しているからこそ、職場感があふれています。成功体験だけではなく社会人としての失敗談なども包み隠さず話してくれて、カリキュラムも実にリアル。まさに私が求めるものでした。

株式会社フィリップス・ジャパン DXR/MS ビジネスマーケティングマネージャー 河馬樹 様

お問合せ

ビジネス・ブレークスルー大学 オープンカレッジ英語教育事務局

0120-071-757
受付時間 | 平日 9:30 ～ 17:30

https://pegl.ohmae.ac.jp

大前研一が3分であなたのグローバル人材度を判定!

PEGL 英語検定 検索

No.1 ビジネス・コンテンツ・プロバイダー
株式会社ビジネス・ブレークスルー

大前研一総監修の双方向ビジネス専門チャンネル（https://bb.bbt757.com/）
　ビジネス・ブレークスルー（BBT は、大前研一をはじめとした国内外の一流講師陣による世界最先端のビジネス情報と最新の経営ノウハウを、365 日 24 時間お届けしています。10,000 時間を超える質・量ともに日本で最も充実したマネジメント系コンテンツが貴方の書斎に！

アオバジャパン・バイリンガルプリスクール（晴海・芝浦・早稲田・三鷹）
　日本語／英語のバイリンガル教育と世界標準（国際バカロレア）の教育を提供するプリスクール。探究型学習で好奇心旺盛な自立した子どもを育成します。1 歳からお預かり可能。
お問合せは HP 経由で各キャンパスまで！　URL：https://www.aoba-bilingual.jp/

アオバジャパン・インターナショナルスクール
　国際バカロレア一貫校。幼少期から思考力、グローバルマインドを鍛える。光が丘と目黒にキャンパスあり。
TEL：03-4578-8832　E-mail：reception@aobajapan.jp　URL：http://www.aobajapan.jp/

ABS【0 から 1 を生み出す起業家養成スクール】
　人生の主人公になろう！起業家精神をもって道を切り拓く。アタッカーズ・ビジネススクール卒業生 6100 名、内 810 社起業（11 社上場）起業に興味のある方はこちらへ
　URL：https://www.abs-01.com/TEL:03-6380-8707　E-mail:abs@abs-01.com

ビジネス・ブレークスルー大学　経営学部　〈本科　四年制／編入学　二年制・三年制〉
　日本を変えるグローバルリーダーの育成！通学不要・100％ オンラインで学士号（経営学）を取得できる日本初の大学。社会人学生 8 割。TEL:0120-970-021　E-mail：bbtuinfo@ohmae.ac.jp　URL：https://bbt.ac/

公開講座
◆**問題解決力トレーニングプログラム**　大前研一総監修　ビジネスパーソン必須の「考える力」を鍛える
　　TEL：0120-48-3818　E-mail：kon@LT-empower.com　URL：https://www.LT-empower.com/
◆**株式・資産形成力養成講座**　資産形成に必要なマインドからスキルまで、欧米で実践されている王道に学ぶ！
　　TEL：0120-344-757　E-mail：shisan@ohmae.ac.jp　URL：https://asset.ohmae.ac.jp/
◆**リーダーシップ・アクションプログラム**　大前研一の経験知を結集した次世代リーダー養成プログラム
　　TEL：0120-910-072　E-mail：leader-ikusei@ohmae.ac.jp　URL：https://leadership.ohmae.ac.jp/

BBT オンライン英会話　ビジネス経験豊富な講師陣が提供するビジネス特化の英会話【体験レッスン受付中】
　TEL：050-5534-8541　E-mail：bbtonline@bbt757.com　URL：https://bbtonline.jp/

ビジネス・ブレークスルー大学大学院　MBA プログラム
　世界中どこからでも学べる日本初・最大級のオンライン MBA。仕事やご家庭と両立しながら学ぶことが可能。学んだ知識をすぐに、仕事で活かすことで、成長を実感できる。
　TEL:03-5860-5531 E-mail: bbtuniv@ohmae.ac.jp　URL：https://www.ohmae.ac.jp/

BOND 大学ビジネススクール　BOND-BBT グローバルリーダーシップ MBA プログラム（AACSB & EQUIS 国際認証取得）
　豪州の名門ビジネススクールの世界標準の MBA プログラムをオンラインで学び、海外大学の学位を取得できる。
　TEL：0120-386-757 E-mail：mba@bbt757.com URL：https://www.bbt757.com/bond/

大前研一のアタッカーズ・ビジネススクール（起業家養成スクール）
　ビジョンや夢を実現させるビジネススクール。設立 20 年の歴史を持ち、810 社起業（内 11 社上場）
　TEL：0120-059-488　E-mail：abs@bbt757.com　https://www.attackers-school.com/

大前経営塾　DX 時代に経営者として必要な問題解決力、構想力を磨く 1 年間の養成プログラム
　TEL：03-5860-5536　E-mail：keiei@bbt757.com　URL：https://www.bbt757.com/keieijuku/

ツーリズム リーダーズ スクール（観光経営プロフェッショナル育成プログラム）
　観光地開発、観光マーケティング、インバウンドを学ぶオンラインスクール
　TEL：03-5860-5536 E-mail：tls-info@bbt757.com URL：https://tourism-leaders.com/

BBT X PRESIDENT EXECUTIVE SEMINAR
　ATAMI せかいえで年に 4 回開催される大前研一他超一流講師陣による少人数限定エグゼクティブセミナーです。
　TEL：03-3237-3731　E-mail：bbtpexecutive@president.co.jp　URL：https://www.president.co.jp/ohmae

お問い合わせ・資料請求は、TEL：03-5860-5530　URL：https://www.bbt757.com/

大前研一通信 特別保存版シリーズ

AI 時代に必要な学び～インプットからアウトプットの競争へ～（大前研一 通信特別保存版 Part.12）
ISBN978-4-9910281-0-6、四六判 192 頁、2019/3/15、定価（本体 1,400 円＋税）
AI 時代の到来と新たな教育に備える知識と情報、リカレント教育、STEAM、IB を解説。

自ら人生の舵を取れ！Find yourself Lead yourself （大前研一 通信特別保存版 Part.11）
ISBN978-4-9902118-9-9、四六判 208 頁、2018/3/13、定価（本体 1,300 円＋税）
デジタル・ディスラプション時代を乗り切るための真のリーダーシップを探求する書。

答えのない世界〈グローバルリーダーになるための未来への選択〉（大前研一 通信特別保存版 Part. X）
ISBN978-4-9902118-8-2、四六判 240 頁、2017/3/10、定価（本体 1,300 円＋税）
未来を予見することが困難な 21 世紀のグローバル社会における IB 教育の必要性を詳解。

世界への扉を開く "考える人" の育て方（大前研一 通信特別保存版 Part. IX）
ISBN978-4-9902118-7-5、四六判 240 頁、2016/3/18、定価（本体 1,300 円＋税）
グローバルな思考ができる人材育成に必須の国際バカロレア（IB）教育を紹介。

グローバルに通用する異能を開花する（大前研一 通信特別保存版 Part. VIII）
ISBN978-4-9902118-6-8、四六判 224 頁、DVD 付き、2015/2/13、定価（本体 1,500 円＋税）
世界に通用する能力を開眼させるために、自身が、我が子が、必要なこととは何かを提言。

挑戦〈新たなる繁栄を切り開け！〉（大前研一 通信特別保存版 Part. VII）
ISBN978-4-9902118-5-1、四六判 211 頁、DVD 付き、2013/10/25、定価（本体 1,500 円＋税）
日本のビジネスパーソンに著しく欠如している世界に挑戦する「気概」を鼓舞。

進化する教育（大前研一 通信特別保存版 Part. VI）
ISBN978-4-905353-92-8、四六判 213 頁、DVD 付き、2012/11/16、定価（本体 1,500 円＋税）
世界に飛躍する人材育成を提示し、進化する「学び」のスタイルを公開した書。

警告〈目覚めよ！日本〉（大前研一 通信特別保存版 Part. V）
ISBN978-4-905353-22-5、四六判 180 頁、DVD 付き、2011/11/11、定価（本体 1,500 円＋税）
危機迫る世界経済における新生日本に向けて放った 5 つの警告とは何か。

慧眼〈問題を解決する思考〉（大前研一 通信特別保存版 Part. IV）
ISBN978-4-930774-84-2、四六判 192 頁、DVD 付き、2010/11/12、定価（本体 1,500 円＋税）
隠れた真実を見抜き、問題を発見して解決する実践的思考法を公開、伝授。

パスファインダー〈道なき道を切り拓く先駆者たれ!!〉（大前研一 通信特別保存版 Part. III）
ISBN978-4-930774-49-1、四六判 160 頁、DVD 付き、2009/12/4、定価（本体 1,500 円＋税）
答えの見えない時代を突き抜けるための「学び」を凝縮したメッセージ集。

知的武装 金言集（大前研一 通信特別保存版 Part. II）
ISBN978-4-930774-11-8、四六判 192 頁、2008/11/18、定価（本体 1,000 円＋税）
社会を生き抜くために、全てのビジネスパーソンに贈る珠玉のメッセージ。

マネーハザード金言集（大前研一 通信特別保存版 Part. I）
ISBN978-4-930774-05-7、四六判 124 頁（2 冊セット）、2007/11/12、定価（本体 800 円＋税）
日本人が資産形成に目覚め、国に頼ることなく自衛するためのバイブル書。

ビジネス・ブレークスルー出版
〒 102-0084 東京都千代田区二番町 3 番地　麹町スクエア 2F　TEL 03-5860-5535 FAX 03-3265-1381

◎編著者プロフィール

大前 研一 （おおまえ けんいち）

1943年、北九州市生まれ。早稲田大学理工学部卒業。東京工業大学大学院で修士号、マサチューセッツ工科大学大学院で博士号を取得。経営コンサルティング会社マッキンゼー＆カンパニー日本支社長、本社ディレクター、アジア太平洋会長等を歴任。94年退社。96〜97スタンフォード大学客員教授。97年にカリフォルニア大学ロサンゼルス校（UCLA）大学院公共政策学部教授に就任。

現在、株式会社ビジネス・ブレークスルー代表取締役会長。オーストラリアのボンド大学の評議員（Trustee）兼名誉客員教授。

また、起業家育成の第一人者として、2005年4月にビジネス・ブレークスルー大学院大学を設立、学長に就任。02年9月に中国遼寧省および天津市の経済顧問に、また2010年には重慶の経済顧問に就任。04年3月、韓国・梨花大学国際大学院名誉教授に就任。『新・国富論』『平成維新』『新・大前研一レポート』等の著作で一貫して日本の改革を訴え続ける。

『個人が企業を強くする』『発想力』『50代からの「稼ぐ力」』（小学館）、『日本の論点2020〜21』『稼ぐ力をつける「リカレント教育」』『デジタル時代の「社内起業家」育成法』（プレジデント社）、『2020年の世界』（マスターピース）など著作多数。

企画・編集	小林豊司
ブックデザイン	霜崎穂奈美
本文デザイン・DTP	小堀英一
執筆・寄稿	田代淳一／齋藤真実／大西洋／石田真理子／伊藤泰史／宇野令一郎／小澤大心／柴田巖／政元竜彦／吉田恵美／荒木静子／清水愛／金子香／蔵本美雪／草野誉予／東真央／小熊万紀子／板倉平一／瀧本清香／小野千晶／馬場隆介／大枝章吾／森勝広／林祐介
出版協力	

21世紀を生き抜く「考える力」
〜リカレント教育・STEAM・国際バカロレア〜
大前研一通信・特別保存版 Part.13

2020年3月18日　初版第1刷発行

編著者	大前 研一／ビジネス・ブレークスルー出版事務局
発行者	株式会社ビジネス・ブレークスルー
発行所	ビジネス・ブレークスルー出版 東京都千代田区二番町3番地 麹町スクエア2F（〒102-0084） TEL 03-5860-5535　FAX 03-3265-1381
発売所	日販アイ・ピー・エス株式会社 東京都文京区湯島1-3-4（〒113-0034） TEL 03-5802-1859　FAX 03-5802-1891
印刷・製本所	株式会社シナノ

© Kenichi Ohmae　2020　printed in Japan
ISBN978-4-9910281-5-1